Claudia Bentzien | Claudia Salata

selbst gemacht

aus Honig, Wachs & Co

FOTOS VON MARTINA DITTUS

selbst gemacht

aus Honig, Wachs & Co

Goldklarer Honig auf einem noch warmen Brötchen – mehr Genuss geht kaum. Doch wir haben uns Rezepte ausgedacht, die aus bestem Bienenhonig etwas ganz Besonderes machen. Bei uns gibt Honig grobem Senf eine ganz besondere Note, sorgt in Likören für aromatische Süße und bereichert das Frühstück in knusprigem Granola oder leckerem Schoko-Nuss-Aufstrich. Und mit Honig gebacken wird natürlich auch!

Die Rezepte und Ideen in diesem Buch sind nicht nur zum eigenen Gebrauch gedacht, sondern eignen sich auch hervorragend als liebevolle kleine Geschenke aus dem Bienenstock.

Das Licht und der Duft einer brennenden Bienenwachskerze geben so ein wunderbar geborgenes Gefühl. Und man kann Kerzen auf so unterschiedliche Art herstellen – wir finden das faszinierend. Aber mit Wachs geht noch mehr: Ostereier dekorieren, Stoff batiken, Postkarten bestempeln. Und ganz begeistert sind wir von unserer Upcycling-Idee, aus einer alten Beute und einer Jeans eine witzige Sitzkiste zu bauen.

Aus dem Bienenstock kommt so Vieles, was uns richtig guttut. Wer kennt es nicht, das Glas warme Milch mit Honig, wenn es im Hals kratzt. Aber es geht noch mehr: Ein Wachstuch als Wärmewickel bei Erkältungen, Rheumasalbe bei schmerzenden Gelenken, pflegendes Lippenbalsam für zarte Lippen und sprudelnde Badpralinen oder ein Honig-Salz-Peeling für samtweiche Haut. Honig, Wachs und Propolis wirken von innen und außen.

„WIR MACHEN EIN BUCH …"

Die Faszination für die Bienen und die Freude an guten, selbst gemachten Dingen verbindet uns. Und so war es naheliegend, aus dieser gemeinsamen Leidenschaft ein Buch zu machen.

EINE IDEE ENTSTEHT

Eigentlich ging es in unserem Gespräch von Autorin zu Redakteurin um ein ganz anderes Projekt: ein Imkerbuch für Kinder. Und wie immer kamen wir dabei auch darauf zu sprechen, wie faszinierend die Honigbienen für uns sind. Wie großartig die Organisation in einem Bienenvolk funktioniert. Wie erstaunlich es doch ist, dass eigentlich niemand Bienen eklig findet – ganz im Gegensatz zu anderen Insekten oder gar Spinnen. Und wie fabelhaft all die Produkte sind, die wir von den Bienen geschenkt bekommen. Allen voran natürlich Honig, aber auch Wachs und Propolis. Und dann stand es irgendwann im Raum: „Ich würde ja gerne mal ein Buch darüber machen, was man aus all diesen guten Dingen herstellen kann." Kaum war dieser Gedanke ausgesprochen, lief die Kreativitätsmaschine an.

AUSPROBIEREN

Dann ging es los: Wir haben Kochbücher gewälzt, im Internet recherchiert und in der Küche und der Werkstatt ausprobiert, gewerkelt und experimentiert. Unsere Familien durften sich durch die verschiedensten Gerichte und Backwerke testen und wochenlang lag der Duft von geschmolzenem Wachs in der Luft. Nach und nach entstanden so die Rezepte und Anleitungen für die Ideen in diesem Buch. Unsere Keller, Vorratsregale und Kühlschränke füllten sich.

INS RECHTE LICHT RÜCKEN

Und dann war es so weit: Unsere Werke mussten ins rechte Licht gerückt und im Foto festgehalten werden. Wie gut, dass wir für diese Aufgabe eine echte Spezialistin mit im Boot hatten. Aber zuerst hieß es: Requisiten suchen. Wir durchstöberten sämtliche Küchen- und Esszimmerschränke von Freunden und Verwandten und bauten das „Fotostudio" im Garten von Martinas Eltern auf. Wir wollten all die schönen Dinge aus wertvollen Bienenprodukten im natürlichen Sonnenlicht zeigen. Jetzt hieß es zittern und den Wettergott um Gnade bitten. Das verregnete Frühjahr ließ so manchen geplanten Fototermin ins Wasser fallen. Doch am Ende war endlich alles im Kasten und nun können wir Ihnen mit Freude das fertige Werk präsentieren.

Wir wünschen Ihnen ganz viel Spaß beim Blättern im Buch, beim Kochen, Backen und Basteln und ganz besonders beim Genießen der fertigen Werke aus Honig, Wachs & Co.

SÜSSER, GOLDENER HONIG

„Von deinen Lippen, Braut, tropft Honig", steht schon im Hohelied der Liebe. Honig ist süß, sinnlich und betörend, beflügelt die Sinne, nährt den Körper und kann ihn sogar heilen.

VOM NEKTAR ZUM HONIG

Und genau das ist es, was die Menschen schon seit Jahrtausenden dazu bringt, sich der Gefahr von Bienenstichen auszusetzen, um dieses süße Gold genießen zu können. Doch wie genau entsteht Honig und was macht ihn so besonders? Bienen sammeln Süßes, weil sie es für die Aufzucht ihrer Brut und als Wintervorrat brauchen. Der eigentliche Ausgangsstoff für Honig ist Nektar oder Honigtau.

Nektar entsteht in sogenannten Nektarien, die entweder direkt in den Blüten oder auch an anderen Teilen der Pflanze liegen können. Die Wissenschaft ist sich nicht ganz einig über die Funktion der Nektarien, vermutlich sind sie aber Ausgleichs- und Steuerungsventile, die der Pflanze helfen, ihren Nährstoffkreislauf, der mit unserem Blutkreislauf vergleichbar ist, in Bewegung zu halten und zu kontrollieren. Dieser Nektar wird also von den Bienen gesammelt. Liegen die Nektarien in den Blüten, leisten die Bienen durch den Weitertransport der Blütenpollen wertvolle Bestäubungsarbeit und versorgen sich selbst und ihr Volk gleichzeitig auch noch mit eiweißreicher Nahrung in Form von Pollen. Ein wunderbares, von der Evolution ausgeklügeltes System, von dem Pflanzen, Insekten und letztendlich auch der Mensch profitieren.

Honigtau entsteht aus Pflanzensaft, den Läuse und Zikaden mit ihren Stechrüsseln aus weichen Pflanzenteilen heraussaugen. Mit ihrem Filterdarm entziehen diese Insekten dem Honigtau die Stoffe, die sie für sich brauchen, und scheiden den Rest dann als leicht eingedickten, klebrigen Honigtau wieder aus. Dieser wird dann von den Bienen, wie sonst der Nektar, gesammelt und weiterverarbeitet.

DIE VERWANDLUNG

Beides, Nektar und Honigtau, durchläuft dann dieselbe Prozedur: Der süße Stoff wird von den Sammelbienen in den Honigmagen aufgenommen, dort mit Fermenten angereichert, leichter verdaulich gemacht und dann im Stock an andere Bienen weitergegeben. Diese reichern den Honig weiter mit Fermenten an und lagern ihn in Zellen ein. Bis der Honig wirklich fertig ist, wird er getrocknet, manchmal auch noch mehrmals in andere Zellen umgetragen und anschließend, wenn er vollständig gereift ist, mit einem Wachsdeckel verschlossen.

NEKTAR MACHT DEN HONIG

Je nach dem, von welcher Pflanze die Bienen den Nektar sammeln, bekommt der Honig einen ganz typischen Geschmack, eine charakteristische Konsistenz und Farbe sowie unterschiedliche Inhaltsstoffe.

FLÜSSIG ODER IN WABEN

Diese verdeckelten Honigwaben sind das, was den Imker interessiert. Er nimmt die Honigwaben aus dem Volk, entfernt die von den Bienen aufgebrachten Wachsdeckel und schleudert den Honig. Es ist ein wundervoller Moment, wenn das süße Gold vorne aus der Honigschleuder läuft. Und es ist eine wahre Geschmacksexplosion, wenn man diesen frischen Honig direkt kostet. Sehr lecker ist Honig auch als Scheibenhonig. Dazu hängt man den Bienen vorgefertigte kleine Holzrähmchen in den Stock. Die Bienen bauen dort hinein Waben und füllen sie mit Honig. Sind die Waben voll, werden sie aus den Rähmchen geschnitten und man genießt den Honig, indem man ganze Wabenstücke auskaut. Das Wachs gibt zusätzlich ein wundervolles Aroma, man sollte es jedoch nicht hinunterschlucken.

Ein guter Deal Nahrung gegen Bestäubung.

HONIGSORTEN

Es gibt viele verschiedene Honigsorten. Je nachdem, ob sie aus Nektar oder Honigtau entstanden sind, unterscheidet man Blüten- und Honigtauhonige. Blütenhonig bestimmt man über den Geschmack und anhand der sogenannten Leitpollen. Das sind die Pollen, die man unter dem Mikroskop in einer Honigprobe am häufigsten finden kann. In Deutschland und Europa sind es Löwenzahn, Raps, Wiesenblumen, Obstbäume, Akazien, Edelkastanie und Heide, die den meisten Nektar für den Honig liefern. In südlichen Ländern gewinnt man außerdem Orangen-, Buchweizen-, Rosmarin- und Lavendelhonig.
Honigtauhonige erkennt man zum einen am typischen Geschmack, zum anderen in Laboruntersuchungen. Sie besitzen gegenüber Blütenhonigen eine höhere elektrische Leitfähig-

Goldklar fließend Farbe, Konsistenz, Geschmack und Inhaltsstoffe hängen von der Nektarquelle ab.

keit. Diese rührt vom Ursprung des Honigtaus, des Siebröhrensafts der Bäume, her. Siebröhrensaft hat einen sehr hohen Mineralstoffgehalt und die Ionen der Mineralien sind der Grund für die messbar höhere Leitfähigkeit.

INHALTSSTOFFE

Mit den Mineralstoffen kommen wir auch schon zu den verschiedenen Inhaltsstoffen des Honigs. Allen voran sind da die vielen verschiedenen Zucker wie Glucose, Fructose, Monosaccharide, Polysaccharide, Disaccharide, Invertzucker, Melezitose. Manche Ernährungswissenschaftler verteufeln den Honig sogar angesichts dieses Sammelsuriums.

Der wesentliche Unterschied zwischen Zucker und Honig ist jedoch, dass raffinierter Zucker völlig frei von Mineralstoffen ist. Zur Verdauung von raffiniertem Zucker werden dem Körper sogar noch Mineralien und Vitamine, vor allem Vitamin B, entzogen. Honig dagegen bringt sein eigenes Vitamin B_1 (Thiamin) mit, sodass im Gegensatz zum Zucker bei der Verdauung von Honig kein Mangel im Körper entsteht. Im Gegenteil: Der Körper wird mit Mineralien und anderen wertvollen Stoffen versorgt.

EIN GESUNDER GENUSS

Honig ist süß! Aber anders als Zucker kann er noch viel mehr. Neben seinem typischen Aroma bringt er noch jede Menge wertvoller Inhaltsstoffe mit, die uns richtig guttun.

VITAMINE

Im Honig finden sich neben dem schon erwähnten Vitamin B_1 noch viele andere Vitamine: Riboflavin (B_2), Pyridoxin (B_6), Pantothensäure, Ascorbinsäure (C), Nikotinsäure (PP), Biotin (H) und Folsäure. Von der Menge her sind die Vitamine zwar eigentlich zu vernachlässigen, allerdings finden wir sie im Honig in einer natürlichen, bioverfügbaren Matrix vor. So kann sie der Körper vollständig verwerten – was man von Vitaminen in Pillenform nicht behaupten kann.

Gesund Honig ist nicht einfach nur süß.

ENZYME

Außerdem enthält Honig Enzyme wie Katalase, Amylase, Phosphatase und Glucoseoxidase. Diese Enzyme sind unter anderem für die keimhemmende und wundheilende Wirkung des Honigs zuständig. Darum hat sich Honig bei Erkältungskrankheiten, Darminfekten und Wundbehandlungen immer wieder bewährt. Ärzte würden in Deutschland nie Honig auf Wunden streichen. In vielen Ländern ist das aber durchaus üblich. Zum Beispiel kann bei offenen Beinen eine Wundbehandlung mit Honig eine sehr nachhaltige Heilung erzielen. Auch bei älteren Brandwunden (nicht bei frisch entstandenen!) kann man mit Honig eine narbenfreie Heilung fördern.

UND NOCH MEHR GUTES

Wie schon erwähnt, finden sich in den verschiedenen Honigsorten auch zahlreiche Mineralien und Spurenelemente, die wiederum in der natürlichen Matrix des Honigs sehr gut für den Körper bioverfügbar sind und durch den Darm leicht resorbiert werden können.

Wertvoll Honig enthält Vitamine, Mineralien, Enzyme und Spurenelemente, die unserem Körper gut tun.

Ein besonderer Stoff, der im Honig enthalten ist, ist das Acetylcholin. Es wirkt positiv auf die Reizübertragung im Herzen sowie auf die Darm- und Nierenfunktion. Außerdem hat Acetylcholin einen fördernden Einfluss vor allem auf die Reizübertragung im Nervensystem, also auch im Gehirn, wo es für klares und waches Denken sorgt. Im Honig sind außerdem Blütenpollen enthalten. Bei dem Gedanken daran erschrecken Pollenallergiker oft. Allerdings sind die Pollen im Honig in einer Menge enthalten, die für unseren Körper überschaubar ist. So kann ein Allergiker, indem er immer wieder kleine Mengen eines Honigs isst, der aus seiner Region stammt, seinen Körper mit den Pollen konfrontieren und so ganz langsam eine Desensibilisierung einleiten. Viele Menschen haben durch diese Prozedur schon eine Linderung, wenn nicht gar eine Heilung ihrer Pollenallergie erfahren.

FEIN DUFTENDES WACHS

Den Baustoff für ihre Waben produzieren die Bienen in ihrem eigenen Körper. Und es ist jedes Mal wieder faszinierend, die perfekte Sechseck-Struktur einer Bienenwabe zu betrachten.

SO ENTSTEHT WACHS

Frisch geschlüpfte Jungbienen haben besondere Aufgaben und besondere Eigenschaften: Sie sind für die Brutpflege zuständig und können außerdem über die Wachsdrüsen an der Unterseite ihres Hinterkörpers (Abdomen) frische, weiße Wachsplättchen ausschwitzen. Normalerweise haben diese Fähigkeiten nur Jungbienen, doch unter besonderen Umständen können auch ältere Bienen ihre Wachsdrüsen noch einmal aktivieren, z.B. wenn ein geschwärmtes Volk viele neue Waben bauen muss. Die Grundstoffe für die Bildung von Wachs liefert der Fettkörper der Bienen. Das ist der eine Grund, warum die Produktion von Bienenwachs indirekt auch den Nährstoffbedarf in einem Volk erhöht.

Das Wachs wird in Form von schuppenartigen Plättchen von den Wachsdrüsen ausgeschieden, dann mit den Mundwerkzeugen geknetet und von den Bienen, die zum Wabenbauen in langen Ketten aneinanderhängen, verbaut. Immer wieder hat man sich über die Baukunst, die den sechseckigen Waben zugrunde liegt, gewundert. Inzwischen weiß man aber, dass die Bienen die einzelnen Zellen gemäß ihres Körpers zunächst einmal rund bauen. Danach erwärmen die Bienen das Wachs gezielt von 25 auf 45 Grad, wodurch die Zelle dann aufgrund der dem Wachs zugrunde liegenden hexagonalen, also sechseckigen Molekülstruktur in die sechseckige Form übergeht. Dennoch ein Wunder der Natur, dass am Ende alles zu einer hundertprozentig homogenen Bienenwabe – einem Gesamtkunstwerk – wird.

WACHS ERNTEN

Und wie kommt nun der Imker an das Wachs? Zum einen über die Entdeckelung der Honigwaben. Das Deckelwachs, mit dem die Honigwaben verschlossen sind, ist frisch ausgeschwitztes Jungfernwachs. Lässt man die Honigreste abtropfen und schmilzt das Wachs gesondert in einem Sonnen- oder Dampfwachsschmelzer ein, erhält man herrlich hellgelbes, sehr reines Wachs, das besonders gut für die Herstellung von Kosmetika geeignet ist. Altwaben und Baurahmenwachs sammelt der Imker ebenfalls und kann auf die gleiche Art und Weise Bienenwachs gewinnen, das in der Regel dann aber etwas dunkler gelb ist. Das gewonnene Wachs kann man entweder in Form von selbst gegossenen Mittelwänden wieder ins Bienenvolk einbringen. Oder man lässt die Bienen weitgehend selber bauen und verwendet das Wachs zur Kerzenherstellung.

Propolis
Alkohol

SCHÜTZENDES PROPOLIS

Propolis heißt „vor der Stadt". Das Kittharz wird von den Bienen zum Schutz überall dort angebracht, wo Keime von außen in das Bienenvolk eindringen könnten. Und auch uns kann Propolis vor Krankheiten schützen.

SO ENTSTEHT PROPOLIS

Es grenzt schon fast an ein Wunder, dass der von Bienen gesammelte Honig und die Blütenpollen im feuchtwarmen Inneren des Bienenstocks so gut haltbar sind und nicht verderben. Außerdem leben Abertausende von Bienen auf ganz engem Raum zusammen, ein Milieu, das für die Ausbreitung von Krankheiten geradezu prädestiniert ist. Doch Bienen haben ihren eigenen Schutzstoff: Propolis.

Zur Herstellung von Propolis sammeln die Bienen Harz von Blattknospen oder Baumrinden und vermischen es mit ihrem Speichel. Diese Mischung bringen sie dann an Ort und Stelle zum Schutz vor Keimen an. Propolis wird aber auch als reines Abdichtungsmaterial verwendet, was ihm den deutschen Namen „Kittharz" eingebracht hat. Oft wird Propolis auch mit Wachs vermischt, was seine Wirkung nicht schmälert, allerdings die Gewinnung für den Imker schwieriger macht.

DAS ALLHEILMITTEL

Bienen betrachten Propolis quasi als Allheilmittel – nicht nur gegen alle möglichen Keime. So konnte man z.B. beobachten, dass Bienen, die unter Hochspannungsmasten aufgestellt wurden, ihre Fluglöcher mit Propolis zukitteten, um sich vor den schädlichen elektromagnetischen Strahlen zu schützen.

Propolis war schon in der Antike bekannt und wurde dort in Salben gegen Muskelschmerzen oder zur Wundheilung verwendet. Wie so viele Hausmittelchen geriet mit dem Einzug der vermeintlich modernen Medizin das Wissen um die Wirkung von Propolis in Vergessenheit. Über Russland und die osteuropäischen Staaten kam dieses Wissen aber inzwischen wieder zurück zu uns.

INHALTSSTOFFE UND GEWINNUNG

Und das steckt in Propolis: Etwa 55 % sind Naturharze, 30 % Wachs, dazu kommen noch Pollen, ätherische Öle aus Blütenknospen und Speichelsekret der Bienen. Die Anteile sind schwankend und können stark variieren, auch in Abhängigkeit vom Standort und dem jeweiligen Baumbesatz in der Umgebung. Und davon hängt natürlich auch ab, wie viel Propolis ein Volk im Jahr einträgt. Die Ausbeute kann zwischen 50 und 500 Gramm liegen. Einige Imker haben sich sogar auf die Gewinnung von Propolis spezialisiert. Indem man absichtlich zugige Stellen oder große Abstände im Volk provoziert, regt man die Bienen dazu an, diese Zwischenräume mit dem wertvollen Kittharz aufzufüllen.

Relax

GENIESSEN

Von eingelegtem Gemüse über leckeren Brotaufstrich bis zu knusprigen Keksen

KRÄUTERHONIG

mit Rosmarin und Lavendel

Zutaten

- 2 Zweige Rosmarin
- 1 EL getrocknete Lavendelblüten
- 100 g flüssiger, milder Honig

besonderes Werkzeug

- 2 kleine Schraubgläser (à ca. 50 ml)

Zeitbedarf

- 10 Minuten
- mind. 10 Tage ruhen lassen

Haltbarkeit

- 3 Monate

So geht's

1. Den Rosmarin bei Bedarf waschen und sehr gut trocken schütteln. Die Nadeln von den Zweigen streifen und fein hacken.
2. Die Kräuter – jeweils eine Sorte pro Glas oder auch gemischt – auf die Gläser verteilen und mit dem Honig übergießen.
3. Die Gläser fest verschließen und den gekräuterten Honig mind. 10 Tage an einem hellen, nicht zu kalten Ort ruhen lassen. Die Kräuter steigen dabei an die Oberfläche. Wer möchte, kann die Gläser zwischendurch immer wieder auf den Kopf stellen, sodass sich die Kräuter im Honig bewegen. Das Aroma der Kräuter verbindet sich so noch besser mit dem Honig.
4. Sehr gut schmeckt dieser aromatisierte Honig in Marinaden zu gegrilltem Fleisch, zu Gemüse aus dem Backofen, zu kräftigem Käse und in Salatdressings. Oder probieren Sie einmal einen Esslöffel Lavendelhonig in einem Glas warmer Milch – so wunderbar entspannend!

AUCH SEHR LECKER | KRÄUTERAUSWAHL

Auf diese Weise kann man Honig ganz unterschiedliche Aromen verleihen. Wichtig ist, dass die Kräuter möglichst trocken sind. Mediterrane Kräuter mit ihren festen Blättern eignen sich daher viel besser als unsere heimischen Sorten mit wasserreichen Blättern. Versuchen Sie z. B. Thymian oder Salbei oder eine provenzalische Kräutermischung.

GROBER SENF

mit süßer Honignote

Zutaten

- 50 g gelbe Senfkörner
- 50 ml Weinessig
- 30 g heller, cremiger Honig
- ½ TL Salz
- Pfeffer aus der Mühle

besonderes Werkzeug

- Mörser
- 1 Schraubglas (ca. 150 ml)

Zeitbedarf

- 15 Minuten
- mind. 10 Tage ruhen lassen

Haltbarkeit

- 3 Monate

So geht's

1. Die Senfkörner in einem Mörser gründlich, aber nicht zu fein zerreiben.
2. Die gemörserten Senfkörner in eine Schüssel geben. Den Essig und den Honig dazugeben, mit Salz und Pfeffer würzen und alles sehr gründlich vermischen.
3. Den Senf in ein dicht schließendes Glas geben und an einem kühlen Ort mind. 10 Tage reifen lassen. Das Senfaroma braucht etwas Zeit, um sich zu entwickeln und zu entfalten.

AUCH SEHR LECKER | MIT KRÄUTERN UND GEWÜRZEN

Diesen Honigsenf mit seiner feinen Süße kann man mit verschiedenen Kräutern und Gewürzen immer wieder abwandeln. Sehr gut passt frischer Estragon – einfach 1 EL fein gehackte Estragonblätter untermischen. Und wer es scharf mag, mörsert zusammen mit den Senfkörnern eine getrocknete Chilischote.

Honigsenf

VINAIGRETTE

mit Honig und Orangensaft

Zutaten

- 1 Knoblauchzehe
- 2 EL Honig
- 2 TL Salz
- Pfeffer aus der Mühle
- 100 ml Weißweinessig
- 50 ml Orangensaft
- 100 ml Olivenöl

besonderes Werkzeug

- 1 Schraubflasche (ca. 250 ml)

Zeitbedarf

- 10 Minuten

Haltbarkeit

- 1 Woche

So geht's

1. Die Knoblauchzehe schälen und sehr fein hacken. Den gehackten Knoblauch zusammen mit Honig, Salz, Pfeffer, Essig und Orangensaft in eine Flasche geben. Die Flasche verschließen und so lange schütteln, bis sich das Salz aufgelöst hat.
2. Nun auch das Öl dazugießen und noch einmal kräftig schütteln, bis sich das Öl mit der übrigen Flüssigkeit zu einer Emulsion verbunden hat. Im Kühlschrank aufbewahren.
3. Diese fruchtige, leicht süße Vinaigrette passt gut zu Blattsalaten. Sie hält sich auf Vorrat eine Woche im Kühlschrank, muss aber vor der Verwendung immer wieder aufgeschüttelt werden.

AUCH SEHR LECKER | MIT SENF UND KRÄUTERN

Etwas cremiger wird die Vinaigrette, wenn man noch 1 EL Senf dazugibt – er hilft dem Öl, sich mit den anderen Zutaten zu verbinden. Frisch gehackte Kräuter passen ebenfalls sehr gut zu fast jedem Salat. Man sollte die Kräuter jedoch nicht direkt in die Vinaigrette geben, da sich dadurch die Haltbarkeit stark verkürzt. Lieber kurz vor dem Servieren frisch hacken und über den Salat streuen.

FEINE BEGLEITER

Saucen, Dips und Marinaden

HONEY-ISLAND-DRESSING

Zutaten: **150 g Joghurt (3,5 %), 2 EL Honig, 2 EL Tomatenmark, 1 TL Paprikapulver (mild oder scharf), 1 EL neutrales Öl, 1 EL Weißweinessig, 1 TL Salz, Pfeffer aus der Mühle, 1 Spritzer Tabasco, 1 Knoblauchzehe, ½ rote Paprikaschote**

So geht's: Joghurt, Honig, Tomatenmark, Paprikapulver, Öl, Essig, Salz, Pfeffer und Tabasco in eine kleine Schüssel geben und mit einem Schneebesen sehr gründlich miteinander verrühren. Die Knoblauchzehe schälen, fein hacken, zum Dressing geben und unterrühren. Die Paprikaschote in winzige Würfel schneiden und ebenfalls unter das Dressing mischen.

So schmeckt's: Das Dressing passt zu Blattsalaten mit kräftiger Blattstruktur (z. B. Romana), aber auch zu Tomaten, Gurken und Paprika.

AVOCADO-AUFSTRICH

Zutaten: **1 reife Avocado, 50 ml cremige Kokosmilch (ungesüßt), 1 EL Honig**

So geht's: Die Avocado halbieren, den Kern entfernen und das Fruchtfleisch mit einem Löffel herauslösen. Avocado, Kokosmilch und Honig mit dem Mixstab pürieren.

So geschmeckt's: Ein sehr ungewöhnlicher und nahrhafter Brotaufstrich für das Frühstück. Mit Milch oder Orangensaft etwas dünner gerührt kann man ihn auch als Dip verwenden.

CREMIGES KRÄUTERDRESSING

Zutaten: **150 g Crème fraîche, 2 EL Zitronensaft, 2 EL grober Rotisseur-Senf oder selbst gemachter Senf (S. 20), 2 EL Honig, 1 TL Salz, Pfeffer aus der Mühle, 2 EL gemischte gehackte Kräuter (Dill, Petersilie, Kresse, Schnittlauch)**

So geht's: Crème fraîche, Zitronensaft, Senf, Honig, Salz und Pfeffer in einer kleinen Schüssel mit einem Schneebesen cremig rühren. Zuletzt die gehackten Kräuter untermischen.

So schmeckt's: Das Dressing schmeckt sehr fein zu Salaten aus blanchiertem Gemüse (Spargel, Brokkoli, Blumenkohl), aber auch zu Kartoffel- und Nudelsalaten.

MANGO-SAUCE

Zutaten: **1 reife Mango, 1 EL Zitronensaft, 2 EL Honig, 200 g saure Sahne, 2 – 3 EL Orangensaft, 1 EL Senf, 1 EL gehackte Petersilie, ½ TL Currypulver, Salz**

So geht's: Die Mango schälen, das Fruchtfleisch vom Stein lösen und würfeln. Das Mangofruchtfleisch zusammen mit Zitronensaft und Honig in einem hohen Gefäß mit dem Mixstab pürieren. Die saure Sahne und den Senf untermischen und je nach Konsistenz mit dem Orangensaft glatt rühren. Die Petersilie zur Sauce geben und mit Currypulver und Salz pikant abschmecken.

So schmeckt's: Diese fruchtige Sauce schmeckt zu Geflügelgerichten und indischen Currys.

INGWER-CHILI-MARINADE

Zutaten: **1 Stück Ingwer (ca. 3 cm), 2 Knoblauchzehen, 1 rote Chilischote, 2 EL Honig, 4 EL Öl, 1 EL Ketchup, 1 EL Sojasauce, Salz**

So geht's: Ingwer und Knoblauchzehe schälen. Chilischote waschen, halbieren und Kerne sowie Trennhäutchen entfernen. Alles sehr fein hacken. In einer kleinen Schüssel Honig, Öl, Ketchup und Sojasauce gründlich vermischen, dann die gehackten Gewürze untermischen. Bei Bedarf noch mit etwas Salz abschmecken.

So schmeckt's: Mit dieser Marinade kann Grillfleisch dünn bestrichen werden und wird so ganz besonders würzig.

ZIEGENFRISCHKÄSE-AUFSTRICH

Zutaten: **200 g Ziegenfrischkäse, 2 EL Milch, 2 EL Honig, 2 EL Senf, Salz, Pfeffer aus der Mühle, ½ Bund Schnittlauch**

So geht's: Den Ziegenfrischkäse mit der Milch glatt rühren. Honig und Senf untermischen und mit Salz und Pfeffer abschmecken. Den Schnittlauch waschen, trocken schütteln, in feine Röllchen schneiden und unter den Frischkäse mischen.

So schmeckt's: Dieser Aufstrich passt großartig zu frischem Brot. Mit etwas mehr Milch zubereitet kann man ihn als Dip zu knackigen Gemüsesticks reichen.

KOKOS-DIP

Zutaten: **1 Dose (400 ml) Kokosmilch, 2 EL Honig, 3 EL milder Essig oder Reisessig, 1 grüne Chilischote, 2 Knoblauchzehen, 1 Bio-Limette, 2 EL Fischsauce**

So geht's: Kokosmilch, Honig und Essig in einen Topf geben, einmal aufkochen und abkühlen lassen. Die Chilischote entkernen, die Knoblauchzehe schälen, beides sehr fein hacken und zur Kokosmilch geben. Die Limette waschen und abtrocknen. Etwa 1 TL der Schale fein abreiben und unter die Kokosmilch rühren. Den flüssigen Dip nun mit dem Saft der Limette und der Fischsauce so abschmecken, dass er schön ausgewogen süß, sauer, scharf und salzig schmeckt.

So schmeckt's: Der Dip passt sehr gut zu gegrilltem Fisch und vielen asiatischen Gerichten.

SÜSS-SAURE SAUCE

Zutaten: **4 Knoblauchzehen, 1 Chilischote, 1 TL Salz, 2 EL Honig, Saft von 1 Zitrone, 200 ml Reiswein, 2 El Sojasauce, 4 EL geröstetes Sesamöl**

So geht's: Knoblauch schälen und hacken, Chilischote waschen, halbieren, entkernen und fein würfeln. Mit den übrigen Zutaten in einer kleinen Schüssel sehr gründlich verrühren.

So schmeckt's: Gibt asiatischen Speisen den richtigen Pepp.

MIXED PICKLES

in würzigem Honigsud

Zutaten

- je 200 g Gurke, Karotte und Brokkoli
- ⅛ l Essig
- 300 ml Wasser
- 6 Nelken
- 1 Lorbeerblatt
- 1 EL Koriandersamen
- 100 g Honig

besonderes Werkzeug
- 2 Schraubgläser (ca. 300 ml)

Zeitbedarf
- 30 Minuten

Haltbarkeit
- 3 Monate

So geht's

1. Die Gurke schälen, die Karotte waschen und putzen. Beides in etwa fingerdicke Stifte schneiden. Brokkoli waschen und in Röschen teilen.
2. Essig, Wasser, Nelken, Lorbeerblatt, Koriandersamen und Honig in einen Topf geben. Die Flüssigkeit aufkochen und das Gemüse hineingeben. Das Gemüse im Sud 2–3 Minuten sprudelnd kochen lassen.
3. Das Gemüse aus dem Sud heben, etwas abkühlen lassen und in Gläser füllen. Den Sud noch einmal erhitzen und die Gläser randvoll mit dem Sud und den Gewürzen auffüllen. Die Gläser sofort verschließen, kühl und dunkel lagern.

AUCH SEHR LECKER | SÜSS-SAURE GÜRKCHEN

2 Knoblauchzehen und ein 3 cm langes Stück Meerrettich schälen und in Scheiben schneiden. 500 g sehr kleine Gürkchen zusammen mit den vorbereiteten Gewürzen in Gläser schichten. ⅛ l Essig, 300 ml Wasser, 1 EL Senfkörner, 1 EL Pfefferkörner und 100 g Honig zum Kochen bringen. Den heißen Sud über die Gurken geben. Gläser bis zum Rand füllen und sofort verschließen.

JOHANNISBEERCHUTNEY

mit Ingwer und Zwiebeln

Zutaten

- 300 g Zwiebeln
- 1 Stück Ingwer (ca. 5 cm)
- 2 Knoblauchzehen
- 200 g Johannisbeeren
- 100 ml heller Balsamico
- 1 TL schwarze Pfefferkörner
- 1 TL Pimentkörner
- 75 – 100 g Honig
- Salz

besonderes Werkzeug

- Mörser
- 1 Schraubglas (ca. 300 ml)

Zeitbedarf

- 45 Minuten

Haltbarkeit

- 3 Monate

So geht's

1. Die Zwiebeln schälen, halbieren und in ganz feine Streifen schneiden. Ingwer und Knoblauch schälen und winzig klein würfeln. Die Johannisbeeren waschen und von den Rispen streifen.
2. Balsamico, Zwiebeln, Knoblauch und Ingwer in einen Topf geben und alles zusammen aufkochen. Die Johannisbeeren hinzufügen. Pfeffer- und Pimentkörner grob mörsern und ebenfalls mit in den Topf geben. 15 Minuten nicht zu stark kochen lassen.
3. Den Topf vom Herd ziehen, den Honig einrühren und nach Belieben mit Salz abschmecken. Heiß in ein sehr sauber ausgespültes Glas füllen. Das Chutney kühl und dunkel lagern.

AUCH SEHR LECKER | QUER DURCH DEN GARTEN

Nach diesem Rezept kann man viele Früchte aus dem Garten in eine würzig-süße Sauce mit leckerer Honignote verwandeln. Verwenden Sie statt der Johannisbeeren Äpfel, Birnen, Pflaumen, Quitten oder auch Kürbisse oder Zucchini.

KNUSPERNÜSSE

honigwürzige Knabberei

Zutaten

- 300 g Nüsse (Mandeln, Hasel-, Wal- und Cashewnüsse gemischt oder auch nur eine Sorte)
- 15 g Butter
- 2 EL Waldhonig
- 2 Prisen Cayennepfeffer
- 2 TL Salz
- nach Belieben 1 TL Garam Masala (ind. Gewürzmischung), Curry, Paprikapulver (süß oder rosenscharf) oder Raz el Hanout (arab. Gewürzmischung)

besonderes Werkzeug

- 1 Schraubglas oder dicht schließende Dose

Zeitbedarf

- 20 Minuten

Haltbarkeit

- 3 Monate

So geht's

1. Den Backofen auf 160 °C (Umluft 140 °C) vorheizen. Die Nüsse auf ein Backblech geben und im heißen Ofen 10 Minuten rösten, bis sie duften.
2. In der Zwischenzeit die Butter schmelzen. Zusammen mit Waldhonig, Cayennepfeffer, Salz und Gewürzen nach Belieben in eine Schüssel geben. Alles gut miteinander vermischen.
3. Die gerösteten Nüsse direkt aus dem Backofen heiß in die Buttermischung schütten und sorgfältig darin wenden. Die mit der Würzmischung überzogenen Nüsse auf einen Bogen Backpapier geben, ausbreiten und ganz abkühlen lassen. Die abgekühlten Nüsse in ein Schraubglas oder eine möglichst luftdicht schließende Dose füllen.

GUT ZU WISSEN | HONIG ZIEHT FEUCHTIGKEIT AN

Bei vielen unserer Rezepte schreiben wir, dass die fertigen Leckereien in fest verschließbare Gefäße gefüllt werden sollen. Warum? Weil Honig Wasser anzieht. Sind Knuspernüsse, Granola oder Honigkekse der Luftfeuchtigkeit ausgesetzt, werden sie feucht, klebrig und zäh, schmecken nicht mehr und verderben schnell. Also immer: Deckel drauf!

HOLUNDERBLÜTENSIRUP

So schmeckt der Sommer

Zutaten

- 10 Holunderblütendolden
- ½ Bio-Zitrone
- 400 g heller Honig
- 1 TL Zitronensäure (Apotheke)
- 400 ml Wasser

besonderes Werkzeug

- feines Sieb
- 2 Schraubflaschen (à 300 ml)

Zeitbedarf

- 15 Minuten
- 2 Tage ziehen lassen

Haltbarkeit

- 6 Wochen

So geht's

1. Die frisch gesammelten Blütendolden ausbreiten und nach kleinen Insekten absuchen. Dabei jedoch vorsichtig vorgehen, denn gerade der feine Blütenstaub bringt im Sirup den intensiven Geschmack und soll nicht aus den Blüten herausgeschüttelt werden.
2. Die Zitrone waschen und in etwa 5 mm dicke Scheiben schneiden.
3. Den Honig und die Zitronensäure (sie hilft, den Sirup etwas zu konservieren) in eine Schüssel geben. Das Wasser aufkochen, über den Honig gießen und rühren, bis sich der Honig aufgelöst hat. Den Sirup etwas abkühlen lassen.
4. Die Holunderblüten und die Zitronenscheiben in den Sirup geben. Die Schüssel abdecken und 2 Tage bei Zimmertemperatur stehen lassen. Zwischendurch gelegentlich umrühren.
5. Den Sirup durch ein feines Sieb gießen und in sauber ausgespülte, dicht schließende Flaschen füllen. Möglichst kühl aufbewahren.

SO SCHMECKT'S | SPRITZIGE LIMO

Wir machen aus unserem Sirup gerne eine erfrischende Limo: Pro Person 3 Scheiben frischen Ingwer, einige Minzblättchen, 1 Scheibe Zitrone, ein paar Eiswürfel und 2–3 EL Sirup in ein Glas geben. Mit kaltem Mineralwasser auffüllen – zisch!

FEINE LIKÖRE

Honig mit Umdrehungen

BÄRENFANG

Zutaten: **200 ml Wodka, 150 g aromatischer Honig, 1 Zimtstange, 2 Sternanis, 4 Nelken**

So geht's: Wodka und Honig in eine dicht schließende Flasche füllen und so lange schütteln, bis sich der Honig aufgelöst hat. Zimtstange, Sternanis und Nelken dazugeben und an einem nicht zu kühlen, dunklen Ort 2–3 Wochen durchziehen lassen. Dann den Likör durch einen Filter gießen und in eine schöne Flasche abfüllen.

Haltbarkeit: etwa 6 Monate

ZITRONEN-INGWER-LIKÖR

Zutaten: **200 ml Korn, 200 ml milder Honig, 1 Bio-Zitrone, 1 Stück Ingwer (ca. 3 cm)**

So geht's: Korn und Honig in eine dicht schließende Flasche füllen und so lange schütteln, bis sich der Honig aufgelöst hat. Die Schale der Zitrone mit einem Sparschäler dünn abschälen. Möglichst nur die Schale, nicht die weiße Haut darunter mit abschälen, der Likör wird sonst bitter. Den Ingwerschälen und in feine Scheiben schneiden. Zitronenschale und Ingwerscheiben zum Korn geben und alles 2–3 Wochen an einem dunklen, nicht zu kühlen Ort ziehen lassen. Dann den Likör filtrieren und in eine schöne Flasche abfüllen.

Haltbarkeit: etwa 6 Monate

SCHOKO-GEWÜRZ-LIKÖR

Zutaten: **1 Becher Sahne (200 g), 1 EL Kakao, 10 Pimentkörner, 1 Zimtstange, 3 Kardamomkapseln, 1 Stück Bio-Orangenschale, 100 g Waldhonig, 100 ml Weinbrand oder Cognac, nach Belieben 1–2 EL Amaretto**

So geht's: Die Sahne in einen Topf gießen. Kakao, Piment, Zimtstange, Kardamom und Orangenschale dazugeben. Aufkochen und 5 Minuten leicht köcheln lassen. Den Topf vom Herd nehmen und die Sahne durch ein Sieb gießen. Zuerst den Honig, dann den Weinbrand zur Sahne geben und gut vermischen. Zum Schluss ganz nach Belieben noch mit 1–2 EL Amaretto verfeinern. Vor dem Servieren jedes Mal noch einmal gründlich durchschütteln, da sich Sahne und Alkohol voneinander trennen können. Dieser cremige Likör schmeckt nicht nur pur, sondern auch sehr gut über einer Kugel Vanille- oder Walnusseis.

Haltbarkeit: gekühlt etwa 4 Wochen

WALNUSS-VANILLE-LIKÖR

Zutaten: **250 g Walnusskerne, 500 g aromatischer Honig, 750 ml Wodka, 3 Vanilleschoten**

So geht's: Die Walnusskerne – am besten frisch geknackt, dann sind sie besonders aromatisch – mit dem Honig und dem Wodka in ein verschließbares Gefäß füllen und so lange umrühren, bis sich der Honig aufgelöst hat. Die Vanilleschoten aufschlitzen und zu der Mischung geben. Das Gefäß verschließen und den Liköransatz an einem dunklen, nicht zu kühlen Ort 4 Wochen ziehen lassen. Dabei gelegentlich umrühren oder schütteln. Dann den Likör durch ein Sieb gießen, um Walnüsse und Vanilleschoten zu entfernen. Nun muss der Likör weitere 6 Wochen reifen und sollte dabei möglichst nicht bewegt werden, damit sich feine Schwebeteilchen und auch das Fett aus den Nüssen absetzen können. Nach dieser Zeit den inzwischen klar gewordenen Likör vorsichtig durch einen Filter geben (den Bodensatz im Gefäß lassen) und in schöne Flaschen füllen.

Haltbarkeit: etwa 6 Monate

Resteverwertung: Die Nüsse aus dem Liköransatz sind eigentlich zu schade zum Wegwerfen. Man kann sie noch prima zum Backen verwenden. Sie geben einem einfachen Rührkuchen oder auch den Honighüpfchen (S. 61) und Cupcakes (S. 62) einen tollen Geschmack.

EIERLIKÖR

Zutaten: **1 Vanilleschote, 5 Eigelb, 150 g heller Honig, 1 Becher Sahne (200 g), 250 ml Doppelkorn**

So geht's: Die Vanilleschote aufschlitzen und das Mark herauskratzen. Das Vanillemark zusammen mit den Eigelben und dem Honig in eine Schüssel geben. Die Schüssel über ein Wasserbad (das Wasser soll heiß sein, darf aber nicht kochen) stellen und die Masse mit einem Schneebesen 5 Minuten kräftig schlagen. Sahne und Alkohol dazugeben und noch einmal 5 Minuten weiterrühren. In saubere Schraubflaschen abfüllen und 14 Tage im Kühlschrank ruhen lassen. Vor dem Servieren den Likör immer gut schütteln.

Haltbarkeit: gekühlt etwa 4 Wochen

EINGELEGTE NÜSSE

in Honig-Rotwein-Sirup

Zutaten

- 400 g Nüsse (Mandeln, Hasel-, Wal-, Cashewnüsse)
- ½ Vanilleschote
- 250 g Honig
- 400 ml trockener Rotwein
- 1 Zimtstange
- 5 Nelken
- 5 Pimentkörner
- 2 Sternanis
- 1 TL schwarze Pfefferkörner

besonderes Werkzeug

- 3 Schraubgläser (à 250 ml)

Zeitbedarf

- 45 Minuten

Haltbarkeit

- 4 Wochen

So geht's

1. Die Nüsse in einer Pfanne ohne Fett rösten, bis sie duften. Beiseite stellen. Die Vanilleschote der Länge nach aufschlitzen und das Mark herauskratzen.
2. Honig und Rotwein in einen Topf geben. Vanilleschote und -mark und alle Gewürze hinzufügen. Aufkochen und etwa 20 Minuten bei mittlerer Hitze kochen lassen, bis ein dünnflüssiger Sirup entstanden ist.
3. Die Nüsse in saubere Gläser füllen und mit dem heißen Sirup übergießen. Die Nüsse müssen ganz mit Sirup bedeckt sein. Die Gläser fest verschließen.

SO SCHMECKT'S | SÜSS UND HERZHAFT

Diese raffiniert gewürzten Nüsse schmecken uns zu ganz verschiedenen Dingen. Zum einen passen sie zu Süßem wie Eis und Desserts jeder Art. Sie harmonieren aber auch fantastisch mit herzhaften Speisen, besonders mit Käse. Und natürlich schmecken sie pur zu einem Glas Wein.

SCHOKO-NUSS-AUFSTRICH

versüßt das Frühstück

Zutaten

- 100 g gemahlene Mandeln oder Haselnüsse
- 100 g Butter
- 100 g cremiger Honig
- 2 gehäufte EL Kakao
- nach Belieben ½ TL Zimt oder Lebkuchengewürz

besonderes Werkzeug
- 2 Schraubgläser (à 200 ml)

Zeitbedarf
- 20 Minuten

Haltbarkeit
- 2 Wochen

So geht's

1. Die Mandeln oder Haselnüsse in einer Pfanne ohne Fett leicht rösten, bis sie duften. Abkühlen lassen.
2. Die Butter mit dem Handrührgerät schaumig schlagen. Den Honig nach und nach dazugeben und unter die Butter rühren.
3. Den Kakao und nach Belieben die Gewürze sowie die gerösteten Nüsse zur Butter-Honig-Masse geben und so lange rühren, bis sich alles gut vermischt hat.
4. Den fertigen Brotaufstrich in Gläser füllen und im Kühlschrank aufbewahren. Schmeckt zum Frühstück auf frischen Brötchen oder Croissants – mindestens genauso gut wie die gekaufte Variante.

AUCH SEHR LECKER | HONIG-VANILLE-BUTTER

Eine noch fixere Variante für einen leckeren Frühstücks-Brotaufstrich ist diese Honig-Vanille-Butter. Dafür einen Teil Honig mit zwei Teilen Butter gut miteinander vermengen und mit dem Mark einer Vanilleschote aromatisieren.

HONIGKARAMELL

feine Creme

Zutaten

- ½ Vanilleschote
- ½ l Milch (3,5 %)
- 1 Zimtstange
- 2 Prisen Salz
- 2 Prisen Natron
- 100 g Zucker
- 200 g cremiger Honig

besonderes Werkzeug
- 1 Schraubglas (ca. 300 ml)

Zeitbedarf
- 45 Minuten

Haltbarkeit
- 4 Wochen

So geht's

1. Die Vanilleschote längs aufschlitzen und das Mark mit dem Messerrücken herauskratzen.
2. Vanillemark- und Schote zusammen mit Milch, Zimtstange, Salz, Natron, Zucker und Honig in einen weiten Topf geben. Alles zum Kochen bringen. Achtung: Immer dabei bleiben, es schäumt anfangs sehr.
3. Die Hitze reduzieren und 35–40 Minuten einköcheln lassen. Dabei wird die Masse dickflüssiger und dunkler. Sie ist fertig, wenn sie einen schönen, nicht zu dunklen Karamellton angenommen hat.
4. Vanilleschote und Zimtstange aus dem Karamell nehmen und die fertige Creme in ein Schraubglas füllen. Im Kühlschrank aufbewahren. Vor dem Servieren die Creme rechtzeitig aus dem Kühlschrank holen, damit sie weich und streichzart wird.

SO SCHMECKT'S | AUF BROT UND IN MILCH

Wir lieben diese Karamellcreme zum Sonntagsfrühstück auf warmen Brötchen – mit oder ohne Butter darunter. Man kann aber auch 1–2 TL davon in ein Glas warme Milch einrühren. Wohlgefühl zum Trinken!

GRANOLA

Frühstücksknusperspaß

Zutaten

- 250 g kernige Haferflocken
- 100 g grob gehackte Mandeln
- 100 g gemischte Kerne (Sonnenblume, Kürbiskern, Pinie)
- 1 TL Zimt
- nach Belieben ¾ TL Salz
- 75 ml neutrales Öl
- 150 g flüssiger Honig

besonderes Werkzeug

- Schraubglas oder dicht schließende Dose

Zeitbedarf

- 30 Minuten

Haltbarkeit

- 4 Wochen

So geht's

1. Den Backofen auf 180 °C (Umluft 160 °C) vorheizen. Ein Backblech mit Backpapier belegen.
2. Haferflocken, Mandeln, Kerne, Zimt, Salz nach Belieben (es gibt dem süßen Granola eine interessante, würzige Note), Öl und Honig in eine Schüssel geben und alles sehr gut miteinander vermischen.
3. Die Masse auf das Backblech geben und gleichmäßig verteilen. Das Blech in den heißen Ofen schieben und die Granolamasse 20 – 25 Minuten backen. Dabei etwa alle 10 Minuten umrühren.
4. Das fertig gebackene Granola auf dem Backpapier vollständig auskühlen lassen. Größere Stücke evtl. noch mit den Händen etwas zerkrümeln. Das Granola in ein dicht schließendes Gefäß füllen, damit es schön knusprig bleibt und keine Feuchtigkeit zieht.

AUCH SEHR LECKER | MIT FRÜCHTEN ODER SCHOKOLADE

Diese Grundmischung kann man immer wieder neu variieren. Statt der Mandeln passen auch alle anderen Nüsse dazu und lassen sich zusätzlich durch einige Esslöffel Kokosflocken oder Sesamsamen ergänzen. Nach dem Backen ganz nach Belieben noch klein geschnittene Trockenfrüchte (Rosinen, Cranberrys, Aprikosen, Datteln, Äpfel etc.) oder – die Kinder freuen sich darüber besonders – etwas klein gehackte Schokolade untermischen.

NUSS-FRUCHT-RIEGEL

Power für unterwegs

Zutaten

- 100 g Rohrohrzucker
- 100 g Waldhonig
- 200 g Haselnüsse
- 100 g Rosinen
- 100 g Cranberrys
- 50 g Mehl
- ½ TL Zimt

besonderes Werkzeug

- Back- oder Auflaufform, ca. 20 x 30 cm
- 1 dicht schließende Dose

Zeitbedarf

- 1 Stunde

Haltbarkeit

- 4 Wochen

So geht's

1. Zucker und Honig in einen Topf geben und erwärmen, bis sich der Zucker aufgelöst hat.
2. Die Haselnüsse im Backofen bei 220 °C rösten, bis die Haut leicht aufplatzt. Die Nüsse auf ein Küchentuch geben, ein zweites darüberlegen und die Nüsse zwischen den Tüchern so lange rubbeln, bis sich die Häute von den Nüssen gelöst haben.
3. Die Nüsse vom Tuch sammeln und auf einem Brett mit einem großen Messer grob hacken. Rosinen und Cranberrys ebenfalls etwas kleiner hacken.
4. Nüsse und Trockenfrüchte in eine Schüssel geben, das Mehl und den Zimt zufügen und die Honig-Zucker-Mischung unterrühren.
5. Den Backofen auf 150 °C (Umluft 130 °C) vorheizen. Die Form mit Backpapier auslegen, die recht zähe Masse mit einem nassen Löffel in die Form streichen und glatt drücken. Im Ofen etwa 30 Minuten backen.
6. Die gebackene Masse noch heiß in Riegel schneiden. Die Riegel vollständig auskühlen lassen und vom Backpapier lösen. Zwischen Lagen von Backpapier in einer luftdicht schließenden Dose aufbewahren. Für unterwegs die Riegel in Pergamentpapier wickeln.

POWERBALLS

gesunder Snack

Zutaten

- 200 g Softaprikosen
- 30 g zarte Haferflocken
- 50 g + 3 EL Kokosflocken
- 2 EL Waldhonig
- 1 EL Öl
- ½ TL gemahlener Kardamom

besonderes Werkzeug

- 1 dicht schließende Dose

Zeitbedarf

- 30 Minuten

Haltbarkeit

- 4 Wochen

So geht's

1. Die Softaprikosen mit einem Messer möglichst fein hacken. Haferflocken und 50 g Kokosflocken in einer Pfanne ohne Fett kurz anrösten.
2. Gehackte Aprikosen, Hafer- und Kokosflocken in eine Schüssel geben. Honig, Öl und Kardamom hinzufügen und alles gut miteinander verkneten.
3. Aus der Masse mit feuchten Händen 15–20 etwa walnussgroße Kugeln formen. Die Kugeln in den übrigen Kokosflocken wälzen und in einer Dose an einem kühlen Ort aufbewahren.

AUCH SEHR LECKER | MIT FEIGEN UND MANDELN

100 g getrocknete Feigen fein hacken. 75 g gehackte Mandeln ohne Fett rösten, 50 g Butter dazugeben und schmelzen lassen. Mit 2 EL Waldhonig unter die Feigen mischen. 60 g zarte Haferflocken und abgeriebene Schale von ½ Bio-Zitrone unterkneten. Masse zu Kugeln formen und in Sesam wälzen.

SÜSSE GRISSINI

mit mediterranen Kräutern

Zutaten

- 100 g Vollkornmehl
- 200 g Mehl (Type 450)
- ½ Pck. Trockenhelfe
- 1 Prise Salz
- 2 TL getr. Kräuter der Provence
- 1 EL Olivenöl
- 75 g Waldhonig
- 150 ml Wasser

Zeitbedarf

- 1 Stunde
- 2 Stunden gehen lassen

So geht's

1. Beide Mehle, Trockenhefe, Salz und Kräuter in einer Schüssel miteinander mischen. Eine Mulde in die Mitte drücken und Öl, Honig und Wasser hineingeben.
2. Mit den Händen oder den Knethaken des Handrührgeräts einen geschmeidigen Teig kneten. Bei Bedarf noch etwas Wasser oder Mehl dazugeben. Der Teig soll sich, ohne zu kleben, vom Schüsselrand lösen.
3. Den Teig zu einer Kugel formen und mit einem Tuch bedeckt in der Schüssel 2 Stunden gehen lassen.
4. Den Teig nach dem Gehen noch einmal kurz durchkneten. Zu einer Rolle formen und diese in ca. 20 Stücke teilen. Die Teigportionen auf einer bemehlten Unterlage zu daumendicken Stangen rollen. Die Stangen auf ein mit Backpapier belegtes Backblech legen und noch mal 20 Minuten gehen lassen.
5. Den Backofen auf 200 °C (Umluft 180 °C) vorheizen. Die Stangen im heißen Ofen 15 – 20 Minuten backen. Frisch und knusprig schmecken die Grissini am besten. Lecker dazu: Der Avocado-Aufstrich von S. 25.

GUT ZU WISSEN | HONIG BRÄUNT SCHNELLER

Teig, der Honig enthält, bräunt schneller als Teig, der mit Zucker zubereitet wurde. Darum die Backzeit zunächst immer etwas kürzer wählen und rechtzeitig einen Kontrollblick in den Ofen werfen. Wird das Gebäck zu schnell dunkel, kann man die Backtemperatur um 10 – 20 Grad reduzieren oder das Gebäck mit Alufolie abdecken.

CANTUCCINI

mit Mandeln und Piment

Zutaten

- 150 g Mandeln
- 250 g Mehl
- 1 TL Backpulver
- 5 Pimentkörner
- 150 g cremiger Honig
- 2 Eier (Größe M)

besonderes Werkzeug

- Mörser
- dicht schließende Dose

Zeitbedarf

- 1 Stunde

Haltbarkeit

- 6 Wochen

So geht's

1. Die Mandeln grob hacken und zusammen mit dem Mehl und dem Backpulver in eine Schüssel geben.
2. Die Pimentkörner im Mörser fein zerstoßen und zusammen mit dem Honig und den Eiern zu Mehl und Mandeln geben. Alles gründlich zu einem formbaren Teig vermengen. Bei Bedarf noch etwas Mehl oder Milch hinzufügen.
3. Den Backofen auf 170 °C (Umluft 150 °C) vorheizen. Den Teig zu Rollen mit 3–4 cm Durchmesser formen und mit etwas Abstand auf ein mit Backpapier belegtes Backblech legen. Im heißen Ofen 20–25 Minuten hellgelb backen.
4. Das Blech aus dem Ofen nehmen und den Ofen auf 150 °C (Umluft 130 °C) zurückschalten. Die Rollen mit einem scharfen Messer in fingerdicke Scheiben schneiden.
5. Die Scheiben etwas auseinanderziehen und noch mal etwa 15 Minuten backen. Nach dem Backen ganz auskühlen lassen und in einer Blechdose aufbewahren, dann bleiben die Cantuccini lange knusprig.

HONIGHERZEN

schmecken einfach immer

Zutaten

- 200 g Butter
- 150 g cremiger Honig
- 1 Eigelb (Größe M)
- 400 g Mehl

besonderes Werkzeug
- Ausstechformen
- 1 dicht schließende Dose

Zeitbedarf
- 1 Stunde
- 1 Stunde kühlen

Haltbarkeit
- 4 Wochen

So geht's

1. Zimmerwarme Butter, Honig und das Eigelb in einer Schüssel mit den Schneebesen des Handrührgeräts cremig rühren.
2. Das Mehl zur Buttermasse geben und zügig unterkneten. Den Teig zu einer Kugel formen, in Frischhaltefolie wickeln und für 1 Stunde in den Kühlschrank legen.
3. Den Backofen auf 160 °C (Umluft 140 °C) vorheizen. Zwei Backbleche mit Backpapier belegen. Den Teig portionsweise auf wenig Mehl 5 – 7 mm dick ausrollen und Herzen oder andere Formen ausstechen.
   Die Kekse auf die vorbereiteten Bleche legen und 12 – 14 Minuten goldgelb backen. Immer wieder in den Ofen schauen, der Honigteig wird schnell dunkel.
4. Die fertig gebackenen Kekse aus dem Ofen nehmen, auf Kuchengittern ganz auskühlen lassen und in einer dicht schließenden Dose aufbewahren.

AUCH SEHR LECKER | VARIATIONEN OHNE ENDE

Seit wir diesen Mürbteig entwickelt haben, backen wir am liebsten damit. Die Kekse werden wunderbar fein und zergehen auf der Zunge. Man kann den Teig mit Vanille, Kakao, Zimt, Orangen- oder Zitronenschale immer wieder abwandeln und die Kekse nach Lust und Laune mit Kuvertüre, Zuckerguss und Gebäckschmuck verzieren. Und als Boden für einen Kuchen eignet sich der Teig auch.

LEBKUCHEN

Der Weihnachtsklassiker

Zutaten

- 100 g Butter
- 100 g Zucker
- 200 g Waldhonig
- 400 g Mehl
- 2 TL Backpulver
- 1 EL Kakao
- 1 EL Lebkuchengewürz
- 1 Ei (Größe M)
- 100 g Puderzucker
- 1 – 2 EL Zitronensaft

besonderes Werkzeug

- Ausstechformen
- dicht schließende Dose

Zeitbedarf

- 1 Stunde
- 1 Stunde kühlen

Haltbarkeit

- 4 – 6 Wochen

So geht's

1. Butter, Zucker und Honig in einem Topf unter Rühren erhitzen, bis sich der Zucker aufgelöst hat.
2. Mehl, Backpulver, Kakao und Lebkuchengewürz in eine Schüssel geben. Das Ei und die Butter-Honig-Mischung untermischen und mit den Knethaken des Handrührgeräts alles zu einem festen Teig verkneten. Bei Bedarf noch etwas Mehl oder Milch dazugeben. Den Teig 1 Stunde im Kühlschrank ruhen lassen.
3. Den Backofen auf 180 °C (Umluft 160 °C) vorheizen. Zwei Backbleche mit Backpapier belegen. Den Teig portionsweise auf wenig Mehl etwa 5 – 7 mm dick ausrollen, weihnachtliche Motive ausstechen und auf die vorbereiteten Bleche legen. In 10 – 12 Minuten nicht zu dunkel backen.
4. Die fertigen Lebkuchen aus dem Ofen nehmen und auf Kuchengittern auskühlen lassen. Puderzucker und Zitronensaft glatt rühren. Den Zuckerguss in einen kleinen Gefrierbeutel füllen, eine winzige Ecke abschneiden und die Konturen der Lebkuchen damit verzieren. Wenn der Zuckerguss trocken ist, die Lebkuchen in einer Blechdose aufbewahren.

AUCH SEHR HÜBSCH | DEKOIDEEN

Wir verzieren die Lebkuchen auch gerne mit dunkler Kuvertüre oder kleben mithilfe des Zuckergusses noch blanchierte Mandelhälfte darauf. Sogar als Christbaumschmuck kann man die Lebkuchen verwenden. Dann vor dem Backen mit einem dünnen Strohhalm kleine Löcher ausstechen, durch die später ein Band gezogen wird.

TÜRKISCHER HONIG

mit Pistazien und Walnüssen

Zutaten

- 100 g Pistazienkerne
- 100 g Walnusskerne
- 3 Eiweiß (Größe M)
- 225 g Zucker
- 2 EL heller Honig
- 2 Messerspitzen gem. Nelken
- 8 große Oblaten (12 x 20 cm)

besonderes Werkzeug

- Form (ca. 25 × 40 cm)
- 1 dicht schließende Dose

Zeitbedarf

- 1 Stunde
- 1 Tag trocknen lassen

Haltbarkeit

- 4 Wochen

So geht's

1. Walnüsse und Pistazien mit einem Messer grob hacken. Einen Topf mit Wasser aufsetzen und erhitzen.
2. Eiweiß in einer Metallschüssel mit den Schneebesen des Handrührgeräts sehr steif schlagen, den Zucker nach und nach dazurieseln lassen. Die Schüssel auf das vorbereitete Wasserbad setzen und weiterschlagen, bis die Masse zähflüssig wird. Honig, gemahlene Nelken und die gehackten Nüsse unterheben.
3. Die Hälfte der Oblaten in eine passende Form legen. Die Eiweißmasse auf die Oblaten geben und mit einem nassen Löffel gleichmäßig verstreichen. Mit den übrigen Oblaten bedecken. Sobald die Masse fest wird, ein Brett darauflegen und mit einem Topf beschweren. Über Nacht trocknen lassen.
4. Den türkischen Honig mit einem scharfen Messer in Stücke schneiden und nochmals einige Stunden trocknen lassen. Dann luftdicht verpacken.

HONIGKONFEKT

mit Schokoladenüberzug

Zutaten

- 120 g gemahlene blanchierte Mandeln
- 30 g Kokosflocken
- 1 EL Orangenblütenwasser oder Rum
- 1 TL abgeriebene Schale einer Bio-Orange
- 50 g cremiger Honig
- 200 g dunkle Kuvertüre
- 2 EL Kokosflocken oder Orangenzesten nach Belieben

besonderes Werkzeug
- 1 dicht schließende Dose
- evtl. Pralinenförmchen aus Papier

Zeitbedarf
- 30 Minuten
- 1 Tag trocknen lassen

Haltbarkeit
- 4 Wochen

So geht's

1. Mandeln und Kokosflocken in eine Schüssel geben. Orangenblütenwasser oder Rum, Orangenschale und Honig dazugeben und alles sehr gründlich miteinander verkneten.
2. Aus der Masse mit feuchten Händen 15 – 20 Kugeln formen und auf einem Kuchengitter über Nacht trocknen lassen.
3. Die Kuvertüre über einem Wasserbad schmelzen. Die Konfektkugeln mithilfe einer (Pralinen-)Gabel in die Kuvertüre tauchen, wieder herausheben, überschüssige Schokolade gut abtropfen lassen und auf ein Kuchengitter setzen. Nach Belieben mit wenig Kokosflocken oder Orangenzesten bestreuen, solange die Kuvertüre noch feucht ist.
4. Wenn der Schokoladenüberzug ganz fest geworden ist, das Konfekt in eine dicht schließende Dose verpacken. Davor evtl. noch einzeln in Pralinenförmchen aus Papier setzen. Kühl aufbewahren.

AUCH SEHR LECKER | HONIGMARZIPAN

150 g gemahlene blanchierte Mandeln mit 1 EL Rosenwasser und 50 g cremigem Honig sehr gut vermengen. Zu 15 – 20 Kugeln formen und über Nacht trocknen lassen. Dann in 2 EL Kakao oder Zimt wälzen. Man kann die Masse auch in Pralinenförmchen aus Silikon drücken, um so besondere Formen zu erhalten.

PUNSCHSIRUP

Schmeckt nach Weihnachten

Zutaten

- 1 Bio-Orange
- 2 Bio-Zitronen
- 1 Stück Ingwer (ca. 5 cm)
- 1 Vanilleschote
- ½ l roter Traubensaft
- ¼ l Orangensaft
- 1 EL Nelken
- 1 EL Pimentkörner
- 5 Sternanis
- 3 Zimtstangen
- 300 g Honig

besonderes Werkzeug

- 3 Schraubflaschen (à 250 ml)

Zeitbedarf

- 1 Stunde

Haltbarkeit

- 4 Wochen

So geht's

1. Die Orange und die Zitronen heiß abwaschen, abtrocknen und mit einem Sparschäler die Schale dünn abschälen. Die Schalen in einen Topf geben. Die Früchte halbieren, den Saft auspressen und zu den Schalen im Topf gießen.
2. Den Ingwer schälen und in dünne Scheiben schneiden. Die Vanilleschote längs halbieren, das Mark herauskratzen und beides zusammen mit dem Ingwer in den Topf geben.
3. Die Säfte und Gewürze ebenfalls in den Topf geben und alles einmal kräftig aufkochen lassen. Den Sud 30 Minuten ziehen lassen, dann noch einmal aufkochen und 10 Minuten köcheln lassen.
4. Den Sud durch ein Sieb gießen, um die Gewürze und Schalen zu entfernen. Den Honig zum heißen Sud geben und so lange rühren, bis sich der Honig ganz aufgelöst hat. Den Sirup in heiß ausgespülte Flaschen füllen und gut verschließen.

SO SCHMECKT'S | GLÜHWEIN, KINDERPUNSCH, COCKTAIL

Der Sirup kann für einen schnellen Punsch ganz einfach im Verhältnis 1:3 mit heißem Wasser aufgegossen werden. Er schmeckt aber auch in Tee, Saft und natürlich als feines Glühweingewürz in heißem Rotwein. Ganz toll finden wir einen Schuss davon in einem Glas Sekt – ein wunderbar weihnachtlicher Cocktail.

HONIGHÜPFCHEN

in zwei Variationen

Zutaten

- 100 g Butter
- 150 g Honig
- 2 Eier (Größe M)
- 100 g Magerquark
- 4 EL Milch
- 300 g Mehl
- 2 TL Backpulver
- 50 g kandierter Ingwer
- 50 g Kokosflocken
- 50 g Bitterschokolade
- 50 g Walnüsse
- 100 g dunkle Kuvertüre

besonderes Werkzeug

- 12er Gugelhupfblech

Zeitbedarf

- 20 Minuten
- 2 x 25 Minuten backen

So geht's

1. Zimmerwarme Butter mit dem Honig und den ebenfalls zimmerwarmen Eiern mit den Schneebesen des Handrührgeräts schaumig schlagen. Den Quark und die Milch unterrühren.
2. Das Mehl mit dem Backpulver vermengen und zur Butter-Honig-Masse sieben. Rasch untermischen, dabei nicht zu lange rühren, damit der Teig nicht zäh wird. Den Teig in zwei Portionen teilen.
3. Den Backofen auf 180 °C (Umluft 160 °C) vorheizen. Den kandierten Ingwer fein würfeln und zusammen mit den Kokosflocken zügig unter eine Teigportion mischen. Die Vertiefungen des Gugelhupfblechs fetten, dünn mit Mehl ausstäuben und den Teig einfüllen. Die Vertiefungen sollten dabei nur bis max. ⅔ gefüllt werden.
4. Die erste Portion Honighüpfchen 20–25 Minuten backen. Währenddessen die Bitterschokolade reiben und die Walnüsse klein hacken. Schokolade und Nüsse unter die zweite Teigportion heben.
5. Wenn die ersten Küchlein fertig gebacken sind, die Form aus dem Backofen nehmen, etwas abkühlen lassen und die Hüpfchen aus der Form lösen. Auf einem Kuchengitter auskühlen lassen. Die Backform nur mit einem Küchenkrepp ausreiben, nochmals fetten und mehlen. Die zweite Portion Teig wie beschrieben einfüllen und backen.
6. Die fertigen Honighüpfchen aus dem Ofen nehmen und ganz auskühlen lassen. Die Kuvertüre über einem Wasserbad schmelzen und die Schokoladen-Honighüpfchen damit überziehen.

HONIG-MOHN-CUPCAKES

mit Frischkäse-Frosting

Zutaten

- 120 g Butter
- 130 g Honig
- 2 Eier (Größe M)
- 150 g Mehl
- 1 TL Backpulver
- 1 Prise Salz
- 2 EL Mohn
- 150 g Sahne
- 1 Pck. Sahnesteif
- 2 EL Zucker
- 1 Bio-Orange
- 150 g Doppelrahm-Frischkäse

besonderes Werkzeug

- 12er Muffinblech
- Papierförmchen
- Spritzbeutel mit Lochtülle

Zeitbedarf

- 1 Stunde

So geht's

1. Den Ofen auf 180 °C (Umluft 160 °C) vorheizen. Zimmerwarme Butter mit dem Honig mit den Schneebesen des Handrührgeräts schaumig schlagen. Die Eier nacheinander unterrühren.
2. Mehl, Backpulver, Salz und Mohn auf die Butter-Honig-Masse geben und zügig untermischen, dabei nicht zu lange rühren.
3. Papierförmchen in die Mulden des Muffinblechs stellen und den Teig einfüllen. Im heißen Ofen 20–25 Minuten backen. Die fertig gebackenen Cupcakes auf einem Kuchengitter ganz auskühlen lassen.
4. Für das Frosting die Sahne halb steif schlagen, dann Sahnesteif und Zucker einrieseln lassen und die Sahne ganz steif schlagen.
5. Die Orange heiß waschen, abtrocknen und die Schale fein abreiben. Orange halbieren und eine Hälfte auspressen. Den Frischkäse mit 2–3 EL vom Orangensaft und 1 EL der abgeriebenen Orangenschale glatt rühren. Die Sahne unter den Frischkäse ziehen.
6. Das Frosting in einen Spritzbeutel mit Sterntülle füllen und spiralförmig auf die ausgekühlten Cupcakes spritzen. Evtl. mit ein wenig Mohn oder übrigem Orangenabrieb bestreuen. Die Cupcakes bis zum Servieren kalt stellen.

AUCH SEHR LECKER | NOCH MEHR HONIG

Wer noch mehr Honiggeschmack will, kann das Frosting auch mit Honig zubereiten. Dann den Zucker in der Sahne weglassen und dafür 2 EL Honig unter den Frischkäse rühren. Evtl. braucht man dann etwas weniger Orangensaft, damit die Creme nicht zu weich wird.

ORANGEN-MANDEL-KUCHEN

Das Zutatenwunder

Zutaten

- 1 Bio-Orange
- 4 Eier (Größe M)
- 170 g Honig
- 250 g gemahlene Mandeln
- 1 TL Backpulver

besonderes Werkzeug

- Pürierstab
- Springform (ca. 26 cm Durchmesser)

Zeitbedarf

- 1 Stunde plus Abkühlen
- 50 Minuten

So geht's

1. Die Orange in einen Topf geben und mit Wasser bedecken. Den Topf auf den Herd stellen, das Wasser zum Kochen bringen und die Orange 1 Stunde bei milder Hitze köcheln lassen. Das Wasser abgießen und die Orange abkühlen lassen. Diesen Schritt kann man auch gut schon einen Tag vorher vorbereiten.
2. Die Orange mitsamt der Schale in grobe Stücke teilen, evtl. enthaltene Kerne entfernen und die Orangenstücken in ein hohe Gefäß geben. Mit dem Pürierstab die komplette Orange fein pürieren.
3. Den Backofen auf 180 °C (Umluft 160 °C) vorheizen. Die Springform sorgfältig einfetten. Eier und Honig in eine Rührschüssel geben und mit den Schneebesen des Handrührgeräts 3–4 Minuten schlagen, bis die Masse hellgelb und schön cremig ist. Dann die Orangenmasse dazugeben und gründlich unterrühren.
4. Mandeln und Backpulver auf die Eiermasse geben und zügig unterrühren. Den Teig in die vorbereitete Springform füllen, glatt streichen und im heißen Ofen 30–35 Minuten backen. Stäbchenprobe machen – wenn kein Teig mehr am Stäbchen kleben bleibt, ist der Kuchen fertig.
5. Den Kuchen in der Form etwas abkühlen lassen. Dann aus der Form lösen und auf einem Gitter vollständig auskühlen lassen. Vor dem Servieren nach Belieben dick mit Puderzucker bestäuben und mit leicht gesüßter Schlagsahne servieren.

KUCHEN IM GLAS

Perfekt fürs Picknick

Zutaten

- 180 g Butter
- 150 g Honig
- 3 Eier (Größe M)
- 3 Bananen
- 150 g gemahlene Nüsse (Mandeln oder Haselnüsse)
- 300 g Mehl
- 1 Päckchen Backpulver
- 100 g Schokodrops oder gehackte Bitterschokolade

besonderes Werkzeug
- 8 Gläser (à 250 ml) mit Schraubdeckel oder Glasdeckel mit Gummiring und Klammern

Zeitbedarf
- 50 Minuten

Haltbarkeit
- 2–3 Wochen im verschlossenen Glas

So geht's

1. Den Backofen auf 180 °C (Umluft 160 °C) vorheizen. Die Gläser fetten und dünn mit Mehl ausstäuben.
2. Butter, Honig und Zucker (alle Zutaten sollten zimmerwarm sein) mit den Schneebesen des Handrührgeräts schaumig schlagen.
3. Die Bananen schälen, mit einer Gabel fein zerdrücken und unter die Butter-Honig-Masse rühren. Nüsse, Mehl und Backpulver auf die Masse geben und zügig untermischen, dabei nicht zu lange rühren. Zum Schluss die Schokodrops oder gehackte Bitterschokolade unterziehen.
4. Den Teig auf die Gläser verteilen, dabei die Gläser nur zu maximal ⅔ füllen, und im heißen Ofen 25–30 Minuten backen (bei größeren/höheren Gläsern die Backzeit etwas erhöhen – Stäbchenprobe machen).
5. Die Gläser aus dem Ofen nehmen. Sollen die Kuchen einige Zeit aufbewahrt werden, sofort die Deckel aufsetzen bzw. zuschrauben, ansonsten einfach auskühlen lassen. Man kann die Kuchen dann stürzen oder beim Picknick einfach direkt aus dem Glas löffeln.

DEKORIEREN

Von selbst gedrehten Kerzen über bunte Ostereier bis zur Upcycling-Sitzkiste

VORRATSGLÄSER

witzig dekoriert

Zubehör

- Schraubdeckelgläser
- kleine Figuren aus Holz oder Kunststoff
- Heiß- oder Sekundenkleber
- Acryllack seidenmatt zum Sprühen
- Zeitungen zum Abdecken der Arbeitsfläche

Zeitbedarf

- 15 Minuten
- 2 Stunden trocknen

So geht's

1. Auf die Deckel der sauber gespülten Gläser mit Heiß- oder Sekundenkleber je eine Figur kleben. Ihrer Kreativität sind dabei keine Grenzen gesetzt: Im Spielwarenhandel, im Internet oder auch in der Spielzeugkiste Ihrer Kinder werden Sie sicher fündig. Wir haben unsere Bienen- und Wabenfiguren selbst aus ca. 5 mm dickem Holz ausgesägt.
2. Eine Arbeitsfläche – am besten draußen – gut mit Zeitungspapier abdecken. Wenn der Klebstoff getrocknet ist, die dekorierten Deckel mit dem Acryllack rundum einsprühen (Innenseite nicht lackieren). Den Lack etwa 2 Stunden gut trocknen lassen und falls nötig die Deckel noch ein zweites Mal überlackieren. Wieder gut trocknen lassen.
3. Evtl. überstehenden Lacküberschuss an den Deckelrändern vorsichtig ablösen und die Deckel auf die Gläser schrauben. Fertig sind individuell gestaltete Vorratsgläser, in denen Sie nicht nur Honig, sondern auch viele der selbst gemachten Leckereien aus diesem Buch verpacken und verschenken können.

WACHS RICHTIG SCHMELZEN

Bienenwachs wird grundsätzlich immer im Wasserbad, nie direkt in einem Topf erwärmt. Würde man das Wachs direkt in einem Topf schmelzen, könnte es sich bis zum Siedepunkt (200 °C) erhitzen und sich entzünden. Gefährlich!

SCHMELZEN IM WASSERBAD

Imker, die viele Kerzen ziehen, schmelzen ihr Wachs in Edelstahlbehältern, die sie im Wasserbad von Einmachtöpfen erwärmen. Bei diesen Einmachtöpfen lässt sich die Temperatur ganz praktisch über einen Thermostat regeln. Wer in kleinerem Maßstab arbeitet, kann einfach einen (alten) Topf auf den Herd stellen, Wasser hineingeben und das Wachsschmelzgefäß hineinstellen. Praktisch als Wachsgefäß sind alte, sauber ausgespülte Konservendosen, die es praktischerweise in verschiedenen Größen gibt. Wer öfter Wachs schmilzt, für den gibt es spezielle doppelwandige Wachsschmelztöpfe, die für etwa 20 € im Fachhandel oder über das Internet zu haben sind.

Idealerweise hat das Wasserbad eine Temperatur von 85 bis 90 °C – das Wasser sollte also nicht kochen. Am besten kontrollieren Sie die Wassertemperatur mit einem Thermometer.

Da es sich bei der Arbeit mit flüssigem Wachs kaum vermeiden lässt, dass man kleckert, sollten Sie die Fläche, auf der Sie arbeiten, immer großzügig mit Papier oder einem Wachstischtuch abdecken – oder sich gleich einen Wachs-Werkplatz im Keller einrichten. Und auch wenn sich Wachsflecken aus der Kleidung bügeln lassen, ist alte, unempfindliche Kleidung oder ein schützender Arbeitsmantel beim Umgang mit flüssigem Wachs die beste Wahl.

DOCHTE FÜR KERZEN

Für die Herstellung von Kerzen gibt es zwei verschiedene Dochttypen: Flachdocht und Runddocht. Flachdocht ist der meistgenutzte Docht. Er besteht aus drei Flechtsträngen mit einer bestimmten Anzahl Fäden, zum Beispiel 3 mal 9, also insgesamt 27 Fädchen. Die Laufrichtung spielt bei einem Flachdocht keine Rolle. Runddocht ist ebenfalls geflochten, hat aber einen runden Querschnitt. Hier muss man die Laufrichtung beachten, die am Docht markiert ist. Richtig herum eingelegt spreizen sich die Fädchen des Dochts beim Abbrennen nach außen – die Kerze brennt. Falsch herum eingelegt spreizen sich die Fädchen aber nach innen – die Kerze brennt dann sehr schlecht und geht immer wieder aus. Wir verwenden grundsätzlich Flachdochte, weil die Handhabung viel einfacher ist.

DIE RICHTIGE DOCHTSTÄRKE

Damit eine selbst gemachte Kerze schön gleichmäßig brennt, ist es wichtig, einen Docht in der richtigen Stärke zu verwenden. Mit der falschen Dochtstärke wird die Kerze schlecht brennen, tropfen oder rußen. Sie müssen sich also vorher überlegen, wie dick Ihre Kerzen ungefähr werden sollen, um dann die richtige Dochtstärke wählen zu können. Mit diesen Maßen liegen Sie richtig:

Dochtstärken für Flachdochte

Durchmesser der Kerze	Dochtstärke
15 bis 25 mm	Flachdocht 3 x 7
20 bis 40 mm	Flachdocht 3 x 9
40 bis 60 mm	Flachdocht 3 x 12

Dochtstärken für Runddochte

Durchmesser der Kerze	Dochtstärke
bis 25 mm	Runddocht 1
bis 30 mm	Runddocht 2
bis 35 mm	Runddocht 3

KERZEN GIESSEN

Die eine Möglichkeit, Kerzen aus flüssigem Wachs herzustellen, ist das Gießen. Hierzu sind im Fachhandel jede Menge Formen in den unterschiedlichsten Größen erhältlich, zu denen auch gleich die passenden Dochtstärken angeboten werden. Die Technik ist einfach und kann von jedem in kurzer Zeit erlernt werden. Wichtig ist, dass das Wachs möglichst zügig und gleichmäßig in die Form gegossen wird, sodass die Kerze später keine Schichten erkennen lässt. Auch Alltagsgegenstände eignen sich gut als Kerzenformen: Blumentöpfe, Nussschalen, leer gegessene Orangenhälften oder kleine Gläser – der Fantasie sind fast keine Grenzen gesetzt. Sie sollten nur darauf achten, dass das Material der Temperatur des flüssigen Wachses standhält.

KERZEN ZIEHEN

Beim Kerzenziehen entstehen wunderschöne, natürlich geformte Kerzen. Sie sind schlicht und ästhetisch in ihrer Form. Auch hier sollten Sie vorher überlegen, wie dick die Kerzen werden sollen, um die passende Dochtstärke zu verwenden. Zudem verwendet man beim Kerzenziehen immer einen Flachdocht, der in beide Richtungen abbrennt.
Beim Kerzenziehen stellt man immer zwei Kerzen gleichzeitig her. Um zu vermeiden, dass die Kerzen beim Ziehen zusammenstoßen, wählen Sie entweder ein genügend breites Holzstück als Abstandhalter oder Sie benutzen die vier Finger Ihrer Hand als Abstandhalter. Der Wachsbehälter sollte außerdem so breit sein, dass Sie nicht mit den Kerzen an den Rand stoßen. Und natürlich tief genug, um die gewünschte Kerzenlänge herstellen zu können. Pro Tauchgang lagern sich immer ungefähr 1,5 mm Wachs an. Während Sie die wachsenden Kerzen eintauchen, zählen Sie immer „21, 22“ und ziehen die Kerzen dann sofort wieder heraus. Bleiben die Kerzen länger im heißen Wachs, schmilzt mehr Wachs weg, als sich pro Tauchgang anlagert.

WACHSQUALITÄT

Sowohl für die Kerzen- als auch für die Kosmetikherstellung sollten Sie gereinigtes, also von Schwebstoffen freies Bienenwachs verwenden. Ungereinigtes Wachs verstopft die Dochte und die Kerzen fangen an zu rußen. Für die Kosmetikherstellung achten Sie außerdem am besten darauf, Wachs in Bioqualität zu erhalten, damit es möglichst frei von Rückständen ist. Oder Sie verwenden gereinigtes Entdeckelungswachs von Ihren eigenen Bienen.

KERZEN GIESSEN

mit Gussformen

Zubehör

- Bienenwachs
- Dochte in passender Stärke (siehe S. 70)
- Silikonformen aus dem Handel
- Gefäß und Wasserbad zum Schmelzen von Wachs
- Büroklammern
- Holzstäbchen
- 2 gleich hohe Holzlatten
- alter Schöpflöffel

Zeitbedarf

- 1 Stunde plus Abkühlzeit

So geht's

1. Das Wachs schmelzen (siehe S. 70). Währenddessen, den Docht für die Gießformen zurechtschneiden. Die Dochtstücke sollten einige Zentimeter länger sein, als die Formen hoch sind. Die Dochtstücke so in die Silikonform einfädeln, dass oben und unten noch ein bisschen übersteht. Die Formen mit den mitgelieferten Gummis so fixieren, dass keine Naht entsteht. Die Dochte leicht spannen und oben in der Mitte der Kerze mithilfe von Büroklammern oder Holzstäbchen gut befestigen.
2. Die vorbereiteten Kerzenformen so auf die beiden Holzlatten stellen, dass der Docht, der am Ende oben heraus schaut, in den Zwischenraum zwischen den beiden Latten ragt. Ohne diese Latten steht die Form schief und die Kerze wird unten nicht gerade.
3. Das geschmolzene Wachs mit dem Schöpflöffel in die Formen füllen. Hierbei muss man darauf achten, dass die Gussformen zügig und ohne Pause mit Wachs gefüllt werden, damit man später an der fertigen Kerze keine „Absätze" sieht.
4. Die Kerzen ausreichend lange erkalten lassen. Hier zahlt sich Geduld aus. Je heller das Wachs ist, desto heißer ist es noch. Die Kerzen nach dem Erkalten (das Wachs darf noch handwarm sein) aus den Formen lösen. Die Dochte auf der Unterseite bündig abschneiden, sodass die Kerzen gut stehen. Unebenheiten am Boden kann man mit einem scharfen Messer vorsichtig ausgleichen.

TERRASSENLICHT

im Blumentopf

Zubehör

- Bienenwachs
- Docht in passender Stärke (siehe S. 70)
- alter Blumentopf mit Patina
- Gefäß und Wasserbad zum Schmelzen von Wachs
- alter Schöpflöffel
- Holzstäbchen
- Büroklammer

Zeitbedarf

- 30 Minuten

So geht's

1. Aus ein wenig Bienenwachs eine Kugel kneten, die etwas größer ist als das Loch im Blumentopf. Das übrige Wachs schmelzen (siehe S. 70). Einen passenden Docht vorbereiten und mithilfe der Wachskugel so im Blumentopf befestigen, dass das Loch gut verschlossen ist.
2. Flüssiges Wachs etwa 1 cm hoch in den Blumentopf füllen und erkalten lassen. Hier ist es nicht notwendig, die Form in einem Zug zu füllen, da die Struktur der Kerze von außen nicht sichtbar ist. Zu viel heißes Wachs auf einmal lässt die Kugel über dem Loch schmelzen, das Wachs würde auslaufen.
3. Entscheidender ist hier vielmehr, dass der Docht stabil in der Mitte des Blumentopfs gehalten wird. Darum ein Holzstäbchen quer über den Blumentopf legen und den Docht mithilfe einer Büroklammer daran fixieren. Dann den Blumentopf bis etwa 2 cm unter den Rand mit flüssigem Wachs füllen – so ist die Flamme später vor Zugluft geschützt. Das Wachs erkalten lassen.

AUCH SEHR HÜBSCH | KERZEN IM GLAS

Kleine, relativ dickwandige Gläser eignen sich auch sehr gut als Terrassenlichter. Auch hier den Docht mithilfe von Holzstäbchen und Büroklammer in der Mitte der Kerze fixieren. Zum Verschenken sieht es witzig aus, die Deckel wieder auf die Gläser zu schrauben und das Glas vielleicht sogar noch mit einem Etikett zu versehen.

DUFTKERZE
in der Teetasse

Zubehör

- Bienenwachs
- Docht in passender Stärke (siehe S. 70)
- schöne alte Tasse
- ätherisches Öl
- Gefäß und Wasserbad zum Schmelzen von Wachs
- alter Schöpflöffel
- Holzstäbchen
- Büroklammer

Zeitbedarf

- 30 Minuten

So geht's

1. Aus ein wenig Bienenwachs eine Kugel kneten. Das übrige Wachs schmelzen (siehe S. 70) – es soll gerade so flüssig sein. Einen passenden Docht vorbereiten und mithilfe der Wachskugel auf dem Boden der Tasse befestigen. Das obere Ende des Dochtes mit Holzstäbchen und Büroklammer in der Mitte der Tasse fixieren.
2. Flüssiges Wachs etwa 1 cm hoch in die Tasse gießen und erkalten lassen. 5 Tropfen des ätherischen Öls auf dieser Schicht aufbringen. Dann die Tasse bis ca. 1 cm unter den Rand mit flüssigem Wachs auffüllen. Ein Teil des ätherischen Öles wird dabei aufgrund des heißen Wachses zwar verdampfen. Es bleibt aber trotzdem noch so viel im Wachs zurück, dass sich beim Abbrennen der Kerze der Duft des ätherischen Öles verbreitet.

GUT ZU WISSEN | DUFTKOMBINATION

Da Bienenwachs selbst schon recht intensiv duftet, sollten Sie darauf achten, dass der Duft des ätherischen Öls zu dem des Bienenwachses passt. Uns gefallen Vanille, Zimt oder Orange sehr gut in Kombination mit dem Bienenwachs.

300
200

KERZEN ZIEHEN

braucht etwas Zeit

Zubehör

- Bienenwachs
- Flachdocht in passender Stärke (siehe S. 70)
- Gefäß und Wasserbad zum Schmelzen von Wachs
- Brett als Abstandhalter

Zeitbedarf

- 1 Stunde

So geht's

1. Das Wachs schmelzen (siehe S. 70). Das Gefäß muss mindestens so hoch mit Wachs gefüllt sein, wie die Kerzen lang sein sollen, und breit genug, dass die Kerzen den Rand nicht berühren.
2. Das erste Dochtstück über den Abstandhalter hängen oder die Finger als Abstandhalter einsetzen. Den Docht so in das flüssige Wachs tauchen, dass die 1,5 cm, die überstehen sollen, wachsfrei bleiben. Beim ersten Eintauchen lassen Sie den Docht so lange im Wachs, bis keine Luftbläschen mehr aufsteigen. Den Docht wieder herausziehen, erkalten lassen und dabei gerade ziehen.
3. Beim zweiten Tauchgang langsam „21, 22" zählen, den Docht dann gleich wieder herausziehen und die Kerzen gerade ziehen. Diese Prozedur wiederholen Sie auch noch beim dritten Tauchgang, ab dann bleiben die Kerzen von selbst gerade.
4. Achten Sie darauf, dass genügend Zeit zwischen den Tauchgängen bleibt. Direkt nach dem Herausziehen ist das Wachs hell, dann wird es langsam dunkler – erst dann wieder eintauchen. Die Kerzen sollten vor dem nächsten Tauchgang nur noch lauwarm sein, sonst verbinden sich die Schichten nicht richtig.
5. Wiederholen Sie die Tauchgänge nun so lang, bis die Kerzen die gewünschte Stärke haben. Die fertigen Kerzen abkühlen lassen, bis das Wachs nur noch lauwarm ist. Unten mit einem scharfen Messer gerade abschneiden und die Dochte oben auf 1,5 cm kürzen.

GEROLLTE KERZEN

aus Mittelwänden

Zubehör

- Mittelwände aus Bienenwachs
- Docht in passender Stärke
- evtl. Föhn
- Holzbrett oder Wachstischtuch als Unterlage

Zeitbedarf

- 30 Minuten

So geht's

1. Um die Mittelwände gut aufrollen zu können, müssen sie etwas erwärmt werden. Das kann man auf zwei verschiedene Arten tun. Entweder den Backofen auf 40 °C vorheizen und die Mittelwände hineinlegen. Dabei die Wachsplatten vorher schon voneinander trennen, damit sie nicht zusammenkleben. Die Platten dann zum Rollen einzeln entnehmen und sofort verarbeiten. Oder man verwendet einen Föhn und erwärmt die Wachsplatten eine nach der anderen mit der heißen Luft.
2. Die erwärmten Platten auf ein ausreichend großes Holzbrett oder ein Wachstuch legen. Ein Stück Docht in der passenden Länge zuschneiden – er soll oben etwa 1,5 cm überstehen – und diesen auf der dem Körper zugewandten Seite am Rand der Mittelwand gut andrücken. Dann die Wachsplatte langsam, gleichmäßig, gerade und mit leichtem Druck aufrollen, sodass eine dichte Rolle ohne Lücken entsteht.
3. Indem man die Unterseite der noch warmen Kerze etwas auf die Arbeitsunterlage drückt, werden die Kerzen gerade und stehen später gut. Als kleines Mitbringsel für die Weihnachtszeit sieht es sehr hübsch aus, wenn man die Kerzen einzeln in Folie verpackt und mit einer Schleife verziert.

GUT ZU WISSEN | FERTIGE SETS

Im Imkerfachhandel, in manchen Bastelgeschäften und im Internet gibt es schon fertige Sets mit Mittelwänden in verschiedenen Größen mit passenden Dochten zu kaufen.

CHRISTBAUMANHÄNGER

aus Wachs gegossen

Zubehör

- Bienenwachs
- Silikongussformen für Christbaumanhänger
- Glitzergarn
- Gefäß und Wasserbad zum Schmelzen von Wachs
- alter Schöpflöffel

Zeitbedarf

- 45 Minuten

So geht's

1. Das Wachs schmelzen (siehe S. 70). Währenddessen das Glitzergarn in etwa 15 – 20 cm lange Abschnitte schneiden und diese Stücke mit einem Knoten zu Schlaufen schließen.
2. Das flüssige Wachs mit dem Schöpflöffel in die Gießformen füllen. Solange das Wachs noch weich ist, die vorbereiteten Schlaufen aus Glitzergarn ein Stück in das Wachs drücken. So entsteht ein Aufhänger.
3. Das Wachs ganz auskühlen lassen, dann die Christbaumanhänger aus den Formen lösen.

AUCH SEHR HÜBSCH | GETROPFTE FORMEN

Weihnachtliche Ausstechförmchen auf der Innenseite mit Öl leicht einfetten und auf einen flachen Teller mit wenig Wasser stellen. Eine Bienenwachskerze anzünden, etwas schräg halten und das Wachs in die Förmchen tropfen lassen. So lange Wachs hineintropfen lassen, bis eine etwa 1 cm dicke Schicht entstanden ist. Sobald das Wachs fest geworden ist, die Figuren aus den Förmchen herausdrücken. Mit einer Stricknadel an einer Stelle ein Loch in die Figur stechen und ein hübsches Band als Aufhänger durchziehen.

WEIHNACHTSSCHMUCK

aus Mittelwänden

Zubehör

- Mittelwände aus Bienenwachs
- Ausstechförmchen
- Bienenwachskerze
- Sternanisfrüchte
- Nelken
- Zimtstangen
- kleine Gold- und Silbersterne (Streudeko)
- schöne Bänder
- Stricknadel
- Holzbrett oder Wachstischtuch als Unterlage

Zeitbedarf

- 30 Minuten

So geht's

1. Die Wachsplatten im Backofen (40 °C – die Platten vorher voneinander trennen) oder mit dem Föhn erwärmen. Mit den Ausstechförmchen verschiedene Motive in unterschiedlichen Formen ausstechen.
2. Nun kann man die ausgestochenen Formen einfach so verwenden. Mit einer Stricknadel ein Loch hineinstechen, ein Band durchziehen und aufhängen.
3. Die Formen können aber auch noch weiter dekoriert werden. Dazu zum Beispiel zwei Formen mithilfe von etwas Wachs zusammenkleben. Dafür die Wachskerze anzünden, etwas Wachs auf die eine Form tropfen lassen und die zweite daraufdrücken. Dabei gleich ein Stück Garn mit befestigen, so muss man kein Loch stechen. Sie können die Formen deckungsgleich zusammensetzen, bei Sternen sieht es versetzt aber auch sehr schön aus. Oder man verwendet gleiche Formen in verschiedenen Größen wie bei Terrassenplätzchen.
4. Oder Sie verzieren die ausgestochenen Wachsformen mithilfe des flüssigen Wachses mit Sternanisfrüchten, Nelken oder einem kleinen Stück Zimtstange. Auch weihnachtliche Streudeko kann man mit etwas flüssigem Wachs auf den Formen befestigen.

AUCH SEHR HÜBSCH | WEIHNACHTSKARTEN

Aus Fotokarton oder Tonpapier Stücke in Postkartengröße zurechtschneiden. Die Karten dann mit den ausgestochenen Wachsformen bekleben. Am besten hält das Wachs mit Kraft- oder Sekundenkleber auf dem Papier.

WACHSWINDLICHTER

aus Papiertüten

Zubehör

- Bienenwachs
- fettdichte Butterbrottüten
- Teelichter
- Gefäß und Wasserbad zum Schmelzen von Wachs

Zeitbedarf

- 45 Minuten

So geht's

1. Das Wachs schmelzen (siehe S. 70). Verwenden Sie für das Wachs ein ausreichend großes Gefäß, sodass die Tüten gut eingetaucht werden können.
2. Für diese Windlichter lohnt es sich, extra die fettdichten Butterbrottüten zu kaufen, sie sind stabiler und leichter zu bearbeiten. Die Papiertüten im Zickzack falten und mit der Schere einschneiden, sodass sich ein schönes Muster ergibt. Hier sind Ihrer Fantasie keine Grenzen gesetzt, vielleicht haben Sie auch hübsche Stanzer, mit denen Sie am oberen Rand ein Muster in die Tüten stanzen können. Das Muster sollte etwa 3 cm vor dem unteren Rand enden, damit später beim Tauchen kein Wachs in die Tüte läuft.
3. Die Papiertüte so auffalten, dass eine genügend große Grundfläche für ein Teelicht entsteht. Mit der Hand die Papiertüte innen gespreizt halten und 2–3 cm tief ins Wachs eintauchen. Das Wachs erkalten lassen.
4. Die Papiertüte nun an der erkalteten Wachsfläche halten und umgekehrt in das heiße Wachs tauchen, sodass die Tüte lückenlos mit Wachs bedeckt ist. Das überschüssige Wachs abtropfen lassen und während des Erkaltens darauf achten, dass die Tüte oben weit offen bleibt, sonst schmilzt das Wachs, wenn das Teelicht brennt.
5. Je ein Teelicht – möglichst in einem etwas höheren Glas – in jedes Windlicht stellen und sich an dem stimmungsvollen Licht erfreuen.

GRUSSKARTEN

mit Wabenmotiven

Zubehör

- Mittelwände aus Bienenwachs
- Holzklötzchen (ca. 5 x 5 x 3 cm)
- Kraftkleber
- Tonpapier
- Stempelkissen
- Plaka- oder Wasserfarbe
- Pinsel

Zeitbedarf

- 45 Minuten

So geht's

1. Um kleine Stempel selbst herzustellen, schneiden Sie aus einer Mittelwand beliebige Formen (Herz, Stern, Kreis, Quadrat, Sechseck) ungefähr in der Größe der Holzklötzchen aus. Je eine Wachsform mit Kraftkleber auf je ein Holzklötzchen kleben. Den Kleber fest werden lassen.
2. Aus dem Tonpapier Postkarten (ca. 11 x 15 cm) ausschneiden. Das können einfache Karten, aber auch Klappkarten sein.
3. Die vorbereiteten Stempel auf das Stempelkissen drücken und die Postkarten hübsch bestempeln. Die Farbe trocknen lassen.
4. Die Karten mit „Wabenrand" haben wir so gemacht: Einfach mit einem Pinsel etwas Plaka- oder Wasserfarbe (mit wenig Wasser arbeiten) auf eine Mittelwand auftragen und die Ränder der Karte dann auf das mit Farbe bestrichene Wachs drücken. Die Farbe gut trocknen lassen.
5. Man kann die Postkarten nicht nur verschicken, sondern mehrere davon zusammen mit passenden Umschlägen in eine schöne Schachtel legen und hat so ein individuelles Geschenk für jemanden, der gerne Briefe schreibt.

AUCH SEHR HÜBSCH | ETIKETTEN

Aus Tonpapier runde oder eckige Etiketten ausschneiden und mit den Wachsstempeln bestempeln. Mit einem Locher ein Loch hineinstanzen, ein schönes Band durch das Loch ziehen und Gläser und Flaschen damit verzieren.

BUNTE OSTEREIER

getupft und gestreift

Zubehör

- ausgeblasene oder hart gekochte Eier
- 30 g Bienenwachs
- Eierfarbe zum Kaltfärben
- einige Streichhölzer
- dünnes Garn
- Stricknadel
- kleines Gefäß und Wasserbad zum Schmelzen von Wachs
- Pinsel
- leere Joghurtbecher oder Gläser
- Garn
- Streichhölzer

Zeitbedarf

- 1 Stunde

So geht's

1. Das Bienenwachs in ein kleines Gefäß geben und im Wasserbad schmelzen (siehe S. 70).
2. Mit einem Pinsel das flüssige Bienenwachs in hübschen Mustern auf die Eier auftragen. Das Wachs ganz fest werden lassen.
3. Die Eierfarben nach Packungsanweisung vorbereiten (in leeren Joghurtbechern oder Gläsern) und die mit Wachs verzierten Eier darin färben. Es muss unbedingt Farbe zum Kaltfärben sein. In einem warmen Farbbad würde das Wachs wieder abschmelzen.Nach der vorgegebenen Zeit die Eier aus dem Färbebad nehmen, abtropfen lassen und zum Trocknen auf ein Kuchengitter legen.
4. Wenn Sie das Wachs von der Schale wieder entfernen möchten, einfach eine Kerze anzünden, das Ei nahe daran halten, bis das Wachs schmilzt, und das flüssige Wachs mit einem Küchenkrepp abwischen.
5. Um die ausgeblasenen Eier aufhängen zu können, an ein halbiertes Streichholz ein Stück dünnes Garn knoten. Das Streichholz vorsichtig durch eines der Löcher in der Eierschale schieben und ganz vorsichtig daran zupfen, bis sich das Hölzchen verkeilt hat und so das Garn im Ei festhält.

GANZ EINFACH | WACHS AUFTROPFEN

Wenn es schnell gehen soll, können Sie ein Punktmuster auch einfach mithilfe einer Bienenwachskerze auf die Eier tropfen. Dazu die brennende Kerze schräg halten, sodass das schmelzende Wachs auf das Ei tropfen kann.

HALSTUCH

mit Wachsbatik-Muster

Zubehör

- dünnes Baumwolltuch (ca. 80 x 80 cm)
- 20 g Bienenwachs
- 20 g Paraffin
- Kaltbatikfarbe
- kleines Gefäß und Wasserbad zum Schmelzen von Wachs
- Batikrahmen oder große Kartonschachtel
- Stecknadeln
- Pinsel
- alte Schüssel und alter Kochlöffel
- Bügeleisen
- Zeitungspapier oder Küchenkrepp

Zeitbedarf

- 3 Stunden mit Wartezeit dazwischen

So geht's

1. Das Baumwolltuch nach Vorschrift waschen, um mögliche Rückstände von Appretur zu entfernen. Den Stoff trocknen lassen.
2. Bienenwachs und Paraffin im Wasserbad schmelzen (siehe S. 70). Das Tuch mithilfe der Stecknadeln auf den Batikrahmen oder über eine große Kartonschachtel (Öffnung nach oben, das Tuch am Rand feststecken) spannen.
3. Das flüssige Wachs mit dem Pinsel als beliebiges Muster auf das Tuch auftragen. Das Wachs muss dabei den Stoff ganz durchdringen. Man erkennt das daran, dass der Stoff an den mit Wachs bestrichenen Stellen pergamentartig durchscheinend wird. Das Wachs ganz fest werden lassen.
4. Die Batikfarbe nach Packungsanweisung in einer alten Schüssel vorbereiten. Das Tuch in das Farbbad geben und nach Herstellerangaben färben. Dabei das Tuch immer wieder mit einem alten Kochlöffel in der Farbe bewegen.
5. Nach Ende der Färbezeit das Tuch aus dem Farbbad nehmen, mehrmals mit klarem Wasser spülen und trocknen lassen.
6. Das Wachs zwischen mehreren Lagen Zeitungspapier oder Küchenkrepp mit einem Bügeleisen aus dem Stoff bügeln.
7. Um ein farblich abgestuftes Muster zu erhalten, das Tuch in einem ersten Durchgang nur die Hälfte der Zeit in der Farbe lassen. Den Stoff trocknen lassen und mit Wachs ein zweites Muster auftragen. Das Tuch noch einmal die volle Zeit färben, trocknen lassen und das Wachs ausbügeln.

SITZ- UND SPIELKISTE

Das Upcycling-Projekt

Zubehör

- 1 alte Bienenbeute
- Spachtel oder Stockmeißel
- Brett, 16 mm
- Brett, 10 mm
- 10 Senkkopfschrauben (4 mm, 3 cm lang)
- 4 Möbelgleiter
- 1 alte Jeans
- Nähgarn
- 1 Stück Schaumstoff oder 2 alte Handtücher
- Säge
- Bohrmaschine mit Bohrer (3 mm)
- Nähmaschine
- Möbeltacker

Zeitbedarf

- 3 Stunden

So geht's

1. Die Beute säubern, Wachs- und Propolisreste mit einer Spachtel oder dem Stockmeißel abkratzen.
2. Die Innenmaße der Beutenoberseite ausmessen, von der Länge und Breite jeweils 5 mm abziehen (Stoff muss noch Platz finden) und das 16 mm starke Brett in der ausgemessenen Größe zusägen oder im Baumarkt zusägen lassen. Bei unserer Zanderbeute hatte das Deckelbrett die Maße 47,5 x 38 cm.
3. Die Außenmaße der Beutenunterseite messen und das 10 mm starke Brett in genau dieser Größe zusägen oder zusägen lassen. Bei unserer Zanderbeute musste das Bodenbrett 52 x 42 cm groß sein.
4. Das Bodenbrett auf die Unterseite der Beute legen. Mit der Bohrmaschine die Löcher für die Schrauben vorbohren und das Brett mit den Schrauben an der Kiste befestigen. Die Möbelgleiter in den vier Ecken des Kistenbodens anbringen.
5. Die Jeans an den Nähten auftrennen. Den Stoff in möglichst große Stücke teilen. Die Stücke so aneinandersetzen, dass ein rechteckiges Stück Stoff entsteht, das mind. 10 cm größer ist als der Deckel für die Sitzkiste. Die Stoffstücke mit einer Nähmaschine zusammennähen.
6. Das Deckelbrett mit dem Schaumstoff oder zwei alten Handtüchern etwas polstern. Deckelbrett mit Polsterung auf die Rückseite des vorbereiteten Jeansstoffs legen. Die Stoffränder stramm über das Brett schlagen und mit dem Möbeltacker gut fixieren.
7. Aus restlichem Jeansstoff ein ca. 10 cm breites und 30 cm langes Band nähen. Am Rand der Unterseite des Deckels festtackern. Den Deckel auf die Beute legen, dabei das Band nach außen hängen lassen. So kann man den Deckel leichter abheben.

MÖBELPOLITUR

für Holzmöbel

Zutaten

- 40 g Bienenwachs
- 115 g Leinölfirnis (Malergeschäft, Baumarkt)
- 25 g Terpentinöl (kein Terpentinersatz! Bastelbedarf)
- 10 Tropfen Propolistinktur
- ätherisches Öl nach Belieben

besonderes Werkzeug

- Topf
- Becherglas (300 ml)
- Schraubflasche (200 ml)

Zeitbedarf

- 30 Minuten

Haltbarkeit

- 1 Jahr

So geht's

1. Bienenwachs, Leinölfirnis, Terpentinöl und Propolistinktur in ein Becherglas geben und im Wasserbad (max. 80 °C) schmelzen.

3. Die Flüssigkeit auf 40 °C abkühlen lassen. Nach Belieben 10 – 15 Tropfen ätherisches Öl – sehr gut passen Zitrusöle – zu der Flüssigkeit geben und noch einmal gut umrühren.

3. Die abgekühlte Möbelpolitur in eine dicht schließende, möglichst dunkle Schraubflasche füllen.

VERWENDUNG | FÜR NATURHOLZMÖBEL

Diese Möbelpolitur eignet sich sehr gut für Naturholz- und Gartenmöbel. Geben Sie ein wenig davon auf ein fusselfreies Tuch und reiben Sie damit die gesamte Oberfläche ein. Die Politur schützt und pflegt das Holz.

Möbelpolitur
polistinktur
% Alkohol
Tropfen auf einen Würfelzucker zur

WOHLFÜHLEN

Vom wohltuenden Wärmewickel über duftende Seifen bis zu pflegenden Cremes

SPITZWEGERICHSIRUP

Tut gut bei Husten

Zutaten

- 30 g Spitzwegerichblätter
- 500 ml Wasser
- 200 g Waldhonig

besonderes Werkzeug
- Schraubflaschen (ca. 300 ml)

Zeitbedarf
- 1 Stunde

Haltbarkeit
- 3 Monate

So geht's

1. Die Spitzwegerichblätter an einem trockenen Tag auf einer unbelasteten Wiese, also nicht direkt am Straßen- oder Ackerrand sammeln.
2. Die Blätter auf der Arbeitsfläche ausbreiten, verlesen und evtl. mit nach Hause gebrachte Krabbeltierchen entfernen. Die Spitzwegerichblätter möglichst nicht waschen. Den Spitzwegerich grob zerkleinern.
3. Die Spitzwegerichblätter in einen Topf geben, mit dem Wasser übergießen und auf dem Herd einmal aufkochen lassen. Vom Herd nehmen und 30 Minuten ziehen lassen.
4. Den Sud durch ein Sieb in einen zweiten Topf gießen, wieder auf den Herd stellen, aufkochen und auf etwa die Hälfte einkochen lassen.
5. Den Sud unter 40 °C abkühlen lassen, dann erst den Honig dazugeben und rühren, bis er sich aufgelöst hat. Den Sirup in eine gut schließende Flasche füllen und kühl und dunkel lagern.

DAS TUT GUT | BEI REIZHUSTEN

Der Spitzwegerich hat eine hustenstillende Wirkung. Dreimal täglich ein Schnapsgläschen von diesem Sirups tut richtig gut. Für einen schleimlösend wirkenden Hustensirup das Rezept auf die gleiche Weise mit 30 g Thymianblättern zubereiten.

WACHSTUCH

für Wärmewickel

Zubehör

- 300 g rückstandsfreies Bienenwachs
- 1 ungefärbtes Baumwoll- oder Leinentuch (ca. 30 x 30 cm)
- Gefäß und Wasserbad zum Schmelzen von Wachs

Zeitbedarf

- 30 Minuten

So geht's

1. Das Wachs in einem ausreichend großen Gefäß schmelzen. Das Baumwoll- oder Leinentuch vollständig eintauchen, überschüssiges Wachs abtropfen lassen und etwas abkühlen lassen.
2. Kurz bevor das Wachs auf dem Tuch ganz abgekühlt ist, das Tuch ein zweites Mal eintauchen, abtropfen lassen und ganz auffalten. Auf einem Bogen Backpapier komplett auskühlen lassen.
3. Zum Aufbewahren das Wachstuch in einen großen Bogen Papier einschlagen.

DAS TUT GUT | BEI HUSTEN UND VERSPANNUNGEN

Die Wachsauflage kann bei Husten, Erkältungen und Verspannungen angewendet werden. Das Wachstuch mit einem Föhn erwärmen und direkt auf die Haut (Brust, verspannte Stellen) legen. Mit einem Wolltuch oder Schaffell abdecken. Den Wickel mindestens eine Stunde aufgelegt lassen, dabei ruhig und geschützt ausruhen, damit der Duft und die Wärme des Wachses ihre Wirkung ganz entfalten und im Körper die Selbstheilungskräfte anregen können.

300

Propolistinktur
85 Vol.% Alkohol
Anwendung:
tägl. 5 - 10 Tropfen auf einen Würfelzu

PROPOLISTINKTUR

selbst herstellen

Zutaten

- 50 g Propolisharz oder Propolispulver
- 100 ml Weingeist (80–96 Vol% – Apotheke)
- Holzhammer und Schneidebrett aus Holz oder alte Kaffeemühle
- dicht schließendes Schraubglas (500 ml)
- Kaffeefilter
- 3–4 dunkle Tropfflaschen (à 30 ml)

Zeitbedarf

- 1 Tag tiefkühlen
- 10 Minuten
- 2–6 Wochen ziehen lassen

Haltbarkeit

- mindestens 1 Jahr

So geht's

1. Wer kein Propolispulver, sondern das noch unzerkleinerte Propolisharz verwendet, muss dieses zuerst pulverisieren. Dafür das Harz für einen Tag ins Tiefkühlfach legen, bis es durchgefroren ist. Dann das Harz in einen Gefrierbeutel füllen und es mit einem Holzhammer auf einem dafür vorbereiteten Holzschneidebrett so fein wie möglich zerklopfen. Oder Sie mahlen das Propolisharz in einer ausgedienten Kaffeemühle so fein wie möglich.
2. Das zerkleinerte Propolisharz oder -pulver und den Alkohol in ein Schraubglas füllen, durchschütteln und die Mischung 2–6 Wochen ziehen lassen.
3. Die Lösung dann durch einen Kaffeefilter gießen. Dieser Arbeitsschritt dauert sehr lange, man kann den Filter gut einfach über Nacht stehen lassen.
4. Die gefilterte Lösung in braune oder blaue Tropfflaschen füllen, Fläschchen beschriften und kühl lagern. So ist die Lösung mindestens ein Jahr haltbar.

VERWENDUNG | VIELSEITIG EINSETZBAR

Die Tinktur kann verdünnt mit Wasser zum Gurgeln oder zur Mundpflege verwendet werden. Hierzu gibt man 10 Tropfen in 100 ml Wasser, wobei das Wasser milchig eintrübt. Die Tinktur kann auch als Zusatz zu Cremes, Lotionen oder einer Möbelpolitur dienen. Rezepte dazu finden Sie in diesem Buch.

HONIG-BIENENWACHS-SEIFE

mit pflegenden Kräutern

Zutaten

- 3 – 4 EL getrocknete Kräuter (Kamille, Salbei, Pfefferminze)
- 20 g Rhizinusöl
- 2 – 3 TL Honig
- 300 g eiskaltes destilliertes Wasser
- 136 g Natriumhydroxid (NaOH – Apotheke oder Internet)
- 300 g Kokolsöl, 80 g Kakaobutter
- 40 g Bienenwachs
- 300 g Olivenöl, 140 g Rapsöl
- 100 g Walnussöl
- 20 ml ätherisches Öl nach Belieben

besonderes Werkzeug

- Messbecher (1 l)
- Topf (5 l)
- Sieb
- Stabmixer
- 2 leere Milchpackungen
- Frischhaltefolie
- Zeitungen
- Schutzkleidung: Schutzbrille, Gummihandschuhe, alter Kittel

Zeitbedarf

- 1 Stunde
- 1 Tag abkühlen
- 4 – 5 Wochen reifen

So geht's

1. Die Kräuter in einem kleinen Gefäß mit dem Rhizinusöl mischen und stehen lassen. Den Honig in 50 g des destillierten Wassers auflösen. Von den sauber ausgespülten Milchpackungen je eine Längsseite wie einen Deckel abschneiden. Die Arbeitsfläche mit Zeitungspapier abdecken, Schutzkleidung anziehen.
2. Die Lauge herstellen. Dafür 1 EL Natriumhydroxid zum eiskalten Wasser geben und rühren, bis es sich aufgelöst hat. So fortfahren, bis das gesamte NaOH aufgebraucht ist. Zuletzt die Honiglösung portionsweise dazugeben. Achtung: Die Lösung erwärmt sich stark! Auf Zimmertemperatur abkühlen lassen.
3. Kokosöl, Kakaobutter und Bienenwachs bei mittlerer Temperatur im Topf schmelzen. Oliven-, Raps- und Walnussöl dazugeben und die Fettmischung auf Zimmertemperatur abkühlen lassen.
4. Die abgekühlte Lauge durch ein Sieb langsam zu den Fetten geben und mit einem Stabmixer vorsichtig unterrühren, bis die Masse andickt. Die Kräuter mit dem Rhizinusöl und nach Belieben das ätherische Öl dazugeben und gründlich untermischen.
5. Die Seifenmasse in die vorbereiteten Milchpackungen füllen, mit Folie abdecken und mind. 24 Stunden fest werden lassen.
6. Die fest gewordenen Seifen aus den Formen lösen und in Stücke schneiden. Die Seifenstücke 4 – 5 Wochen reifen und trocknen lassen, in dieser Zeit gelegentlich wenden.

SEIFENKUGELN

mit Honig und Lavendel

Zutaten

- 500 g Seifenflocken
- 3 EL heller Honig
- 2 EL Wasser
- 1-2 TL ätherisches Lavendelöl
- 2 EL Oliven- oder Mandelöl
- 2 EL getr. Lavendelblüten

Zeitbedarf

- 30 Minuten
- 1 Woche trocknen

So geht's

1. Die Seifenflocken in eine Schüssel geben. Den Honig und das Wasser hinzufügen und die Mischung etwa 30 Sekunden in der Mikrowelle bei niedriger Wattzahl leicht erwärmen. Oder: Sehr heißes Wasser verwenden, dann benötigt man keine Mikrowelle.
2. Öle und getrocknete Blüten zur Seife geben und die Mischung kräftig mit den Händen durchkneten. Es muss eine formbare Masse entstehen, die in etwa die Konsistenz von fester Knetmasse hat.
3. Aus der Masse 6 Kugeln formen und diese 1 Woche trocknen und fest werden lassen. Dabei zwischendurch immer mal wieder wenden.

AUCH SEHR HÜBSCH | SEIFE AM BAND

Arbeiten Sie in die Seifenkugeln ein Band oder eine selbst gedrehte Kordel mit ein, dann können Sie die Seifen später aufhängen. Für die Seifenherzen auf der Rückseite des Buches haben wir die Masse in Pralinenförmchen gepresst.

BADEPRALINEN

mit Honig und feinem Rosenduft

Zutaten

- 80 g Natron
- 40 g Zitronensäure
- 40 g Speisestärke
- 2 EL getr. Rosenblüten
- 100 g Kakaobutter
- 2–3 TL Honig
- 1 TL ätherisches Rosenöl

besonderes Werkzeug

- Pralinen- oder Eiswürfelformen aus Silikon

Zeitbedarf

- 30 Minuten
- 1 Tag fest werden lassen

So geht's

1. Natron, Zitronensäure, Speisestärke und getrocknete Rosenblüten in eine Schüssel geben.
2. Die Kakaobutter und den Honig in ein Gefäß geben, dieses in einen Topf mit heißem, nicht kochendem Wasser stellen und die Kakaobutter und den Honig schmelzen lassen.
3. Die geschmolzene Kakaobutter zu den trockenen Zutaten geben, das Rosenöl hinzufügen und alles gut zu einer cremigen Masse verrühren.
4. Die Masse in Pralinen- oder Eiswürfelförmchen füllen und an einem kühlen Ort fest werden lassen. Dann aus den Formen drücken.

GUT ZU WISSEN | ALTE FORMEN VERWENDEN

Die Silikonformen nehmen den Duft und Geschmack des ätherischen Öls an. Darum am besten alte Formen verwenden, die danach nicht mehr zum Backen eingesetzt werden.

HONIG-SALZ-PEELING

für seidenweiche Haut

Zutaten

- 50 g Salz
- 50 ml Öl
- 100 g flüssiger Akazienhonig

Zeitbedarf

- 10 Minuten

Haltbarkeit

- 3 Monate

So geht's

1. Salz und Öl in einer Schale gut vermischen. Dann den flüssigen Honig sorgfältig unterrühren. Diese Menge reicht für eine Ganzkörperanwendung.
2. Besonders gut wirkt das Peeling, wenn Sie es nach einem warmen, ausgiebigen Bad oder nach einem Saunagang anwenden. Tragen Sie es mit langsamen, kreisenden Bewegungen auf dem ganzen Körper auf. Im Gesicht das Peeling nur leicht andrücken, auf keinen Fall kreisen. Dann packen Sie sich samt Peeling für 20 Minuten in einen waschbaren Bademantel ein und machen es sich gemütlich.
3. Nach der Einwirkzeug das Peeling gründlich abduschen und evtl. noch einen weiteren Saunagang anhängen. Danach eine längere Ruhepause einlegen oder einen Schönheitsschlaf machen.

AUCH SEHR HÜBSCH | SCHNELLES GESCHENK

Dieses Peeling ist so schnell zusammengerührt, dass es sich prima als kleines Geschenk in letzter Sekunde eignet. Füllen Sie es einfach in ein schönes Schraubglas und beschriften Sie dieses mit einem hübschen Etikett. Zusammen mit einem duftenden Badezusatz oder Sauna-Aufguss und einem flauschigen Handtuch wird daraus ein echtes Wohlfühl-Geschenk.

KÖRPERLOTION

mit Milch und Honig

Zutaten

- 50 ml Kuh- oder Ziegenmilch
- 100 ml Mandelöl
- 2 TL flüssiger Honig
- 10 Tropfen Propolistinktur (siehe S. 103)
- 5 Tropfen ätherisches Öl

besonderes Werkzeug

- hohes Gefäß
- Pürierstab
- 1 Schraubflasche (ca. 150 ml)

Zeitbedarf

- 15 Minuten

Haltbarkeit

- 2 Wochen

So geht's

1. Die Milch in ein hohes Gefäß geben und mit dem Pürierstab etwas aufschlagen. Dann in einem dünnen Strahl langsam und gleichmäßig das Öl dazugießen und weiter mixen (ähnlich wie bei Mayonnaise). Die Milch wirkt als Emulgator, der Wasser- und Ölanteile miteinander verbindet.
2. Den Honig, die Propolistinktur und zuletzt das ätherische Öl dazugeben und noch kurz weiterrühren, bis eine homogene Flüssigkeit entstanden ist.
3. Die Lotion in eine Schraubflasche füllen und im Kühlschrank aufbewahren. Vor Gebrauch evtl. noch einmal gut durchschütteln.

GUT ZU WISSEN | KONSERVIERENDE WIRKUNG

Propolis hat nicht nur eine heilende, sondern durch seine keimhemmenden Eigenschaften auch eine konservierende Wirkung. Sehr hilfreich in allen Kosmetikprodukten, vor allem wenn wie hier frische Milch verwendet wird.

Für Dich
HONIG LOTION

HANDCREME

mit Ringelblume

Zutaten

- 100 g Pflanzenöl
- 1 Handvoll getrocknete Ringelblumenblüten
- 15 g Bienenwachs
- 5 Tropfen Propolistinktur (siehe S. 103)

besonderes Werkzeug

- 2 Töpfe
- Thermometer
- Becherglas (200 ml)
- feines Sieb
- kleine Cremetiegel

Zeitbedarf

- 30 Minuten

Haltbarkeit

- 6 Monate

So geht's

1. Das Pflanzenöl in einem kleinen Topf auf 100 °C erhitzen (Temperatur messen) und die getrockneten Ringelblumenblüten hineingeben. Den Topf von der Herdplatte nehmen und die Mischung etwa 10 Minuten ziehen lassen.
2. Öl und Ringelblumen durch ein feines Sieb gießen. Das Öl zusammen mit dem Bienenwachs in ein Becherglas geben und im Wasserbad erwärmen, bis das Bienenwachs geschmolzen ist. 5 Tropfen Propolistinktur dazugeben und alles gut verrühren.
3. Vor dem Erkalten die Creme in kleine Tiegel füllen, gut verschließen und beschriften. Die Creme kann zur Wundheilung und zur Pflege von rauen Händen verwendet werden.

DAS TUT GUT | HANDPACKUNG

Bei besonders rauen, rissigen oder schrundigen Händen wird die Creme abends großzügig auf die Haut aufgetragen. Dann dünne Baumwollhandschuhe darüberziehen und die Packung über Nacht einwirken lassen. Der Haut geht es am nächsten Tag schon viel besser.

PROPOLISSALBE

für schöne Haut

Zutaten

- 100 g Pflanzenöl
- 10 g Bienenwachs
- 10 g Propolispulver (siehe S. 103)

besonderes Werkzeug

- Topf
- Becherglas (200 ml)
- Thermometer
- Cremetiegel

Haltbarkeit

- bis zu 1 Jahr

So geht's

1. Das Pflanzenöl zusammen mit dem Bienenwachs und dem Propolispulver in einem 70 °C heißen Wasserbad so lange rühren, bis sich Wachs und Propolis aufgelöst haben.
2. Die Salbe auf unter 40 °C abkühlen lassen und in Cremetiegel abfüllen. Sie hält sich im Kühlschrank aufbewahrt mindestens ein Jahr.
3. Diese Salbe ist – auch in Verbindung mit dem Gesichtswasser unten – sehr hilfreich bei entzündlichen Prozessen der Haut, bei dicken Pickeln oder Mitessern. Regelmäßig dünn auf die betroffenen Stellen aufgetragen, kann sich das Hautbild deutlich verbessern. Die Propolissalbe sollten Sie immer nur auf intakter Haut, nie auf offenen Wunden anwenden.

DAS TUT GUT | GESICHTSWASSER

50 ml Hamameliswasser im Wasserbad leicht erwärmen und 1 EL Blütenhonig einrühren. Auf Zimmertemperatur abkühlen lassen und 50 ml Rosenwasser, 15 ml Alkohol (85 Vol.-%) und 10 Tropfen Propolistinktur gut untermischen. In einer Schraubflasche aufbewahren. Hamamelis und Propolis wirken entzündungshemmend und adstringierend, Rosenwasser und Honig sorgen für eine weiche, ausgeglichene Haut.

300
APPROX.VOL.
120
80
40

RHEUMASALBE

mit Tiefenwirkung

Zubehör

- 100 g Pflanzenöl
- 10 g Bienenwachs
- 5 g Propolispulver (siehe S. 103)
- 30 Tropfen Rosmarinöl
- 30 Tropfen Latschenkiefernöl
- 30 Tropfen Rosenholzöl
- 20 Tropfen Eucalyptusöl
- 10 Tropfen Zimtrindenöl

besonderes Werkzeug

- Topf
- Becherglas (200 ml)
- Thermometer
- kleine Cremetiegel

Haltbarkeit

- bis zu 1 Jahr

So geht's

1. Das Pflanzenöl zusammen mit dem Bienenwachs und dem pulverisierten Propolis in ein Becherglas geben und in einem 70 °C heißen Wasserbad auflösen. Danach auf unter 40 °C abkühlen lassen.
2. Die ätherischen Öle in die Masse einrühren und die Salbe in kleine Tiegel abfüllen, bevor sie ganz abgekühlt ist. Sie hält sich im Kühlschrank aufbewahrt bis zu einem Jahr.
3. Die Salbe hat eine wunderbare Tiefenwirkung, lindert Verspannungen und Schmerzen und fördert die Beweglichkeit von steifen Gelenken. Zusammen mit einer Wollauflage um die Gelenke oder einer Wärmflasche können Sie über Nacht erstaunliche Wirkungen erzielen. Stellen Sie vorher jedoch sicher, dass Sie auf keines der ätherischen Öle allergisch reagieren (siehe Tipp).

GUT ZU WISSEN | ALLERGIETEST

Um sicherzugehen, dass Sie gegen keines der verwendeten ätherischen Öle allergisch reagieren, können Sie einen einfachen Test machen: Tragen Sie einen Tropfen des Öls in ihrer Ellenbogenbeuge auf. Wenn sich auch nach 24 Stunden keine Hautreaktion zeigt, können Sie das Öl verwenden.

LIPPENBALSAM

für kussweiche Lippen

Zutaten

- 35 ml Jojobaöl
- 5 g Bienenwachs
- 5 g Kakaobutter
- 5 Tropfen Propolistinktur (siehe S. 103)

besonderes Werkzeug

- Topf
- Becherglas (100 ml)
- Thermometer
- kleine Cremetiegel oder Lippenstifthülsen

Zeitbedarf

- 30 Minuten

Haltbarkeit

- 6 Monate

So geht's

1. Jojobaöl, Bienenwachs und Kakaobutter in ein Becherglas geben und im Wasserbad bei ca. 70 °C schmelzen. Alles gründlich verrühren und auf ca. 40 °C abkühlen lassen.
2. Propolistinktur in die abgekühlte Masse einrühren und in kleine Cremetiegel oder Lippenstifthülsen (gibt's im Internet zu bestellen) abfüllen. Möglichst im Kühlschrank aufbewahren.
3. Den Lippenbalsam kann man immer nach Bedarf auf raue oder trockene Lippen auftragen. Diese werden dadurch schnell wieder weich und geschmeidig.

GUT ZU WISSEN | PROPOLIS HILFT HEILEN

Die Propolistinktur im Lippenbalsam sorgt dafür, dass kleine Entzündungen schneller wieder heilen.

ZUM WEITERLESEN

WERTVOLLE BIENENPRODUKTE

Werner von der Ohe
Honig – Entstehung, Gewinnung, Verwertung
Ein Praxisbuch für Imker und alle, die sich für hochwertigen Honig interessieren: Wie entsteht aus Nektar Honig? Wie kommt der Honig von der Wabe ins Glas? Welche Inhaltsstoffe und Eigenschaften hat Honig und wie kann sie bewahren?
Kosmos 2015, 136 S., 19,99 €

Rosemarie Bort
Honig, Pollen, Propolis – Sanfte Heilkraft aus dem Bienenstock
In Bienenprodukten steckt jede Menge Heilkraft: Propolis hilft gegen Lippenherpes, Wachsauflagen lindern Gelenkschmerzen und Gelée Royale gibt dem Körper nach einer Krankheit wieder neue Kraft. Die Apitherapeutin Rosemarie Bort schreibt über Inhaltsstoffe und Wirkungsweisen der heilkräftigen Stoffe und zeigt in vielen Rezepten deren Einsatzmöglichkeiten.
Kosmos 2010, 96 S., 16, 95 €

HEILKRAFT AUS DER NATUR

Ursula Stumpf
Unsere Heilkräuter
Ackerschachtelhalm stärkt das Gedächtnis, Gänsefingerkraut lindert Krämpfe und Spitzwegerich hilft bei Husten. 160 Pflanzenporträts und mit zahlreiche Rezepte führen in die Welt der Heilpflanzen ein.
Kosmos 2012, 256 S., 14,99 €

Annekatrin Puhle, Jürgen Trott-Tschepe, Birgit Möller
Heilpflanzen für die Gesundheit
Dieses Handbuch geht neue Wege: Neben einer Fülle von Tipps und Rezepten, um körperliche wie seelische Beschwerden zu heilen, setzt es einen Schwerpunkt darauf, die eigenen Gesundheitskräfte zu stärken. In 300 Porträts werden die Anwendungsmöglichkeiten der Heilpfanzen erklärt. Mit „Schnellfinder", mit dem Sie die individuell passende Heilpflanze finden.
Kosmos 2013, 448 S., 39,00 € – auch als eBook

Angelika Throll, Jan Toomsky
Das Kräuterwissen der Apotheker
Zu den ursprünglichen Aufgaben der Apotheker gehörte es schon immer, Heilmittel aus heilkräftigen Pflanzen herzustellen. Dieses Buch vermittelt auf einfache und verständliche Weise, wie wir heute das alte Wissen der Apotheker über Heilpflanzen und deren Verwendung für uns selbst nutzen können.
Kosmos 2014, 160 S., 19,99 €

Myriam Veit
Heilkosmetik aus der Natur
Mit vielen Tipps und kompetenter Anleitung gibt Myriam Veit ihr großes praxiserprobtes Wissen weiter, wie man naturreine Kosmetik aus heimischen Pflanzen selbst herstellen kann. Damit kann jeder für seine persönlichen Bedürfnisse Salben, Cremes oder Balsame herstellen. Ideal für Allergiker und Menschen mit empfindlicher Haut.
Kosmos 2013, 200 S., 19,99 €

Christine Fuchs
Räuchern mit heimischen Pflanzen
Wärmende Nahrung für Sinne und Seele. Die Kunst des traditionellen Räucherns erlebt heute eine Renaissance: Lavendel entspannt, Myrrhe beruhigt, Salbei und Wacholder vitalisieren und reinigen. Lernen Sie heimische Räucherpflanzen kennen und erfahren Sie alles über das Trocknen und Aufbewahren der Pflanzen, die Herstellung ausgewogener Mischungen und ihre Wirkungsweise.
Kosmos 2011, 96 S., 14,95 € - auch als eBook

Peter und Gudrun Germann
Pflanzen der Aromatherapie
Das Buch beschreibt die Verfahren zur Gewinnung von Aroma-Ölen, die botanischen Merkmale der wichtigsten Aroma-Pflanzen und erklärt, bei welchen Beschwerden ätherische Öle helfen.
Kosmos 2012, 208 S., 19,99 €

FÜR IMKER UND BIENENFREUNDE

Kaspar Bienefeld
Imkern Schritt für Schritt
Wer gerne mit dem Imkern beginnen möchte, findet hier alle wichtigen Informationen. Schritt für Schritt begleitet dieser Ratgeber durch das Bienenjahr und beschreibt genau, wann was zu tun ist.
Kosmos 2005, 96 S., 14,95 € – auch als eBook

Claudia Bentzien
Ökologisch imkern
Entscheidend für die ökologische Imkerei sind die Arbeitsweise des Imkers und ein natürlicher Umgang mit den Bienen. So können trotz erschwerter Umweltbedingungen immer noch gesunde und rückstandsfreie Bienenprodukte erwirtschaftet werden.
Kosmos 2006, 124 S., 19,95 €

Claudia Bentzien
Das Imkerbuch für Kids
Das Leben im Bienenstock und die Arbeit des Imkers sind für Kinder höchst faszinierend. Dieses Buch erklärt auf kindgerechte Art den Weg vom Nektar in der Blüte bis zum Honig im Glas und zeigt, was Kinder als kleine Imker schon selbst alles tun können.
Kosmos 2014, 96 S., 14,99 €

Cornelis Hemmer, Corinna Hölzer
Wir tun was für Bienen
Parasiten, Krankheiten und Pestizide bedrohen die Honigbiene. Wildbienen sind auf dem Rückzug, ihre Lebensräume werden zerstört. Doch dagegen kann jeder etwas tun: Vom blütenreichen Bienengarten über das selbst gebaute Insektenhotel bis hin zur kleinen Stadtimkerei gibt dieses Buch der Initiative „Deutschland summt!" Anregungen, Tipps und praktische Anleitungen.
Kosmos 2013, 128 S., 16,99 €

REGISTER A–Z

THEMENREGISTER

SELBSTGEMACHTES AUS

Anne Rogge
Winterzauber
128 Seiten, €/D 14,99

Die Advents- und Winterzeit ist die schönste Deko-, Back- und Bastelzeit des Jahres. Lassen Sie sich von der Fülle an Materialien inspirieren, die Garten und Natur jetzt bieten, und gestalten Sie kreative Geschenke: Köstliche Rezepte mit wilden Früchten, adventliche Dekorationen mit Zapfen, Moos und Beeren oder einfach stimmungsvolle Produkte zum Wohlfühlen. Mit 24 liebevollen Ideen für einen selbst gemachten Adventskalender.
Zum Verschenken oder für den Eigengebrauch: So liebevoll und individuell ist Selbstgemachtes aus Garten und Natur!

Jetzt bestellen auf kosmos.de

GARTEN UND NATUR!

Anne Rogge
Geschenke aus der Natur
144 Seiten, €/D 14,99

Barbara Krasemann
Geschenke aus meinem Garten
144 Seiten, €/D 14,99

Gabriele Bickel
Geschenke aus meinem Kräutergarten
128 Seiten, €/D 14,99

Barbara Krasemann
Geschenke mit Gewürzen aus meinem Garten
128 Seiten, €/D 14,99

AKTEURE

Claudia Bentzien hat Biologie studiert und ist seit vielen Jahren Imkerin. Sie schreibt Bücher für Imker und setzt sich für eine bessere Umwelt ein, in der immer mehr Blumen (nicht nur) für die Bienen blühen sollen. Als systemischer Business-Coach, Ernährungs-Coach und angehende Heilpraktikerin kümmert sie sich darum, dass Körper, Geist und Seele im Einklang sind und gesund bleiben. Aus ihrer Feder stammen die Rezepte für Salben, Cremes und Co sowie die Anleitungen zum Herstellen von Kerzen.

Claudia Salata ist ebenfalls Biologin und arbeitet als Redakteurin für die Themen Imkern, Kochen und Natur beim Kosmos-Verlag. In ihrer Freizeit steht sie mit Begeisterung in der Küche oder werkelt mit ihren Kindern. Für dieses Buch hat sie die Koch- und Backrezepte entwickelt und die Bastelideen ausprobiert.

Martina Dittus hat in Wiesbaden und Sydney Design studiert und arbeitet als selbstständige Spezialistin für Verpackungsdesign und Markenentwicklung. Sie weiß genau, wie man gute Lebensmittel, natürliche Kosmetik und schöne Hobbys ins richtige Licht rückt. Außerdem fotografiert sie leidenschaftlich gern und hat für dieses Buch all die feinen Dinge wunderbar in Szene gesetzt und im Bild festgehalten.

DANKE
Ein ganz herzliches Dankeschön geht an unsere Familien und Freunde, die uns mit Requisiten, Fotolocations und viel Geduld unterstützt haben. Wir bedanken uns bei Til Maehr aus Esslingen, bei dem wir Requisiten ausleihen durften, und bei poule folle in Stuttgart (www.poulefolle.com) für die schönen Etiketten (siehe Seite 113).

IMPRESSUM

Mit 57 Farbfotos von Martina Dittus.

Umschlaggestaltung von Gramisci Editoral Design, Claudia Geffert, München, unter Verwendung zweier Foto von Martina Dittus.

Über Neuigkeiten informieren Sie regelmäßig unsere Newsletter, einfach anmelden unter **kosmos.de/newsletter**

Gedruckt auf chlorfrei gebleichtem Papier

ISBN 978-3-440-14658-3
Redaktion: Claudia Salata
Gestaltungskonzept: Gramisci Editorial Design, Claudia Geffert, München
Gestaltung und Satz: Cordula Schaaf, München
Produktion: Angela List
Printed in Slovakia / Imprimé en Slovaquie

FSC www.fsc.org MIX Papier aus verantwortungsvollen Quellen FSC® C084279